恐怖箱

祟目百物語

加藤 一
編著

神沼三平太

竹書房怪談文庫

※本書に登場する人物名は、様々な事情を考慮してすべて仮名にしてあります。また、作中に登場する体験者の記憶と体験当時の世相を鑑み、極力当時の様相を再現するよう心がけています。現代においては若干耳慣れない言葉・表記が登場する場合がありますが、これらは差別・侮蔑を意図する考えに基づくものではありません。

巻頭言

箱詰め職人からのご挨拶

加藤一

本書、『恐怖箱 祟目百物語』は、百話の実話怪談を集めた選集である。

夏休み、旅先やキャンプなどの娯楽で実際に百物語にチャレンジしてみたものの、一晩では百話に届かなかったという話はよくある。途中でネタが尽きたり、話者や参加者が飽きてしまったりなどなど。長い話を朗々と語るにはそれなりに技術が要るし、百話語るとなると確かにとてもではないが時間が足りないし、不慣れなうちはペース配分も読めない。

ならば、まず百話朗読会からやってみるのはどうだろう。

本書の怪談を音読した場合、一頁で大体二分ほど掛かる。平均一話二頁くらいとして、百話の怪談をおよそ二百頁強に納めた本書を全て読むと約四百分ほど。多少の誤差を見たとしても、ざっと六～七時間もあれば朗読できる。夕食を済ませた後、夜明けまでの時間で十分完走できるはず。

事ほど斯様《かよう》に、百物語のキモはその短さにある。しかしながら、一気に語りきれるその刹那《せつな》の中にも、十分お釣りがくるほどの怪異が埋め込まれているのである。

さあさあ、夜はこれからですよ。何から読む？　どれから読む？

目次

▲……高田公太
●……ねこや堂
◆……神沼三平太
■……加藤　一

誰よりも高く跳べ！

「うわっ！」

と叫んだら、消えたのだった。


大学の学園祭最終日。

午後になると出店の片付けが始まっていた。

我関せずと研究室で卒業論文を書き進め、外に出るともう学生達はまばらだった。

元々、あまり勢いを感じる学園祭ではないのだ。

裏門から出て最寄りのコンビニに寄るつもりだった。

中庭の簡易ステージは完全にバラされていて、地面に置かれた何本かの鉄パイプがビニールシートで覆われていた。

そして、シートの近くには五、六人のグループがたむろしていた。

裏門へ向かうため、グループに近寄る。

薄暗かったが、男女のグループだということは分かった。無言で、何をするということもなく、シートの辺りをうろうろしている。

何をしているのか判別できなかったが、何にせよ何かのサークル活動だろうと思った。と、歩くモーションから流れるような動きでグループの中の一人が跳ねた。

すると、ひょいひょいと他の者も跳ね出した。

動きとしては両手をダラリと下げたまま、下半身のみを使って跳躍している具合だった。腕の動きがないスーパーマリオのジャンプを彷彿《ほうふつ》とさせる。

「うわっ！」

声を上げた理由はその集団の跳躍力の凄まじさだ。

各々がひと跳ねで三メートルくらいは上にいく。

どうやっているのかさっぱり分からない。

足を止めて集団のパフォーマンスを見るべきか、それともどうにも理解できない光景から逃げるべきか悩んだが、程なく跳んだまま着地せず消えていく者が現れ始めると、終いには誰もいなくなった。

地下一階

都内M駅の近くのビルでのことである。春菜さんがエレベーターのゴンドラに足を踏み入れたときに、後ろから続けて誰も入ってこなかった。

――あ、しまった。

振り返ったときにはドアが閉まっていた。ふわっと体重が軽くなるような感覚。ゴンドラは地階に向けて降りていく。

今日は七階にある文房具売り場に寄るつもりだったのだが、彼氏からのメッセージを表示したスマートフォンの画面に集中していたので、間違えてしまったのだ。

そのまま彼氏へのメッセージを打っていると、ベルを鳴らすような音とともに、ゴンドラが停まった。正面のドアが開いたのを視界の端で確認して、足を踏み出す。

視線を上げると、見慣れたいつもの光景ではなかった。薄暗い蛍光灯に照らされた古びた通路が左右に伸びている。地下の食品売り場を想像していた春菜さんは、一体ここはどこだろうと不安になった。

誤って従業員専用のフロアに停まるように設定されていたのかもしれない。そういえば普段より長い時間エレベーターに乗った気もする。

――七階まで上がらなきゃ。

きっとエレベーターはもう他の階から呼ばれてしまっただろう。

そのとき手に持ったスマホが震えた。彼氏からのメッセージだ。

画面を見ながら振り返ったときに、足元の何かを蹴飛ばした。

「あ、ごめんなさい」

画面から目を離さずに声を出したが、続けて激しい違和感に襲われた。

エレベーターから降りたときには誰もいなかった。なら、今蹴ったのは何だろう。

爪先から伝わる感触は、金属やプラスチックではなく、まるで肉を蹴った感触だった。

スマホの画面から視線を上げ、足元を確認した。

彼女が蹴ったのは、蹲《うずくま》った老婆だった。

老婆はエレベーターの呼び出しボタンを一心不乱に舐めていた。

春菜さんは踵《きびす》を返すと通路を駆け出した。しかしそのフロアの通路には何もなく、ぐるりと巡って、老婆のいるエレベーターのドア前に出るだけだった。

二周目で老婆は春菜さんに気付いたようで、ボタンを押してゴンドラを呼んでくれた。

その直後に老婆は消えたが、ボタンはベトベトに濡れていたという。

ドローン怪談

まだドローンでの撮影が珍しかった頃の話だ。

人里離れた廃校スタジオの校庭で、あるアーティストのミュージッククリップの撮影をした。

今回はドローンを飛ばして上空から撮影をする。

クレーンよりも動きのある撮影ができるはずだ。

まだ物珍しいこともあり、仕事でどの程度使えるかは未知数だったが、クリップの中に混ぜ込む分には良い味付けになってくれるはずだ。

期待以上だったらもっと前面に出してしまえばいい。

現場での撮影はスムーズに行き、ドローン撮影担当も上手く撮影できたと満足げだった。

風がなく、安定して撮影できたのも良かった。今後はもっとドローンを使っていくのも良いかもしれない。そんな話をしながらスタジオに戻った。

スタジオで動画のチェックを続けていく。

ライトに照らされたアーティストが上空から映し出される。

突然、その映像の真ん中に、ぽつりと白い点が出現した。

大きくなりながらどんどんカメラに近づいてくる。

紙ゴミか風船か。いや、そんな演出をするような指示はなかった。撮影中もトラブルはなかった。何かあればモニターを覗きながらドローンの操作をしていた撮影担当が言ってくるはずだ。

画面を眺めていると、白い点は一瞬のうちにアップになり、そのますます抜けていく。

一体何が映った。

スローにして確認していくと、白いものは、人型をしていると気が付いた。

それが、一気にアップになる。

カメラをすり抜けていったのは、白装束に白髪を振り乱した老婆だった。

ドローン怪談その二

都内のターミナル駅から徒歩五分ほどの位置で再開発があり、タワーマンションが建設されることになった。

その工事の現場監督をしていた開田さんからの話である。

ある日、物件のオーナーが工事の状況をドローンで撮影したいと言い出した。

自分の敷地内だし、何を飛ばしても構わないのだろうか。詳しいことは分からないし知らない。だから、押し切られる形でオーナーに従うことにした。

「いや、何があってもそっちで責任持ってくださいね」

開田さんは当日も立ち会うことにした。


「それにしても今時だねぇ」

カメラを積んだ四枚プロペラのドローンが上昇していく。

操縦者は建材にぶつからないようにと、細心の注意を払いながら高度を上げていく。

突風が吹いたらバランスを崩して落ちてくるのではないか。壁に叩きつけられて壊れてしまうのではないか。

開田さんにとっては冷や冷やものである。

そのとき、何かにドローンがぶつかった。

七階相当の空中である。建材もはみ出ていない。ぶつかるようなものは何もない。

操縦者が眉間に皺《しわ》を寄せている。

「何かおかしいですね」

そう言いながらドローンの高度を下げた。

再度上昇しようとすると、また何かにぶつかる。

「何だか邪魔されているみたいです」

開田さんは数歩下がり、空中に留まったままのドローンを眺めた。

操縦者の言う通り、何度も上下を繰り返すが、そこから先に上がっていかない。

何だろう。これ。

皆黙ったままだった。

一分か二分経った頃、やっと上がるようになった。

撮影された動画には、カツンコツンという、硬いものにドローンの本体が当たる音が収録されていたという。

古井戸と火の玉

ある日、たけし君は兄と二人で近所の林に遊びにいった。遊んでいると、兄が古井戸の底に落ちた。大人の背丈よりも深い。兄は水の底まで足が着かないし、壁も手が滑って登れないという。

まだ五歳のたけし君には、井戸の底で助けを呼ぶ兄をどうすることもできない。家に帰って大人を呼ぼうにも、自宅までの帰り道が分からない。

その場で蹲って、にいちゃんにいちゃんとぐずっていると、向こうからオレンジ色の火の玉が現れた。突然のことだったが、不思議と怖さはなかった。

それは古井戸の上まで風に流されるように漂ってきた。

井戸の上で暫《しばら》く止まっていたが、再びふわふわと動き出した。たけし君は誘われるようにその後を追った。

火の玉は頼りなげに揺れながら自宅までの道を飛んでいくと、今度は立て掛けてある物干し竿の横に止まった。

たけし君はほっとしたことで、その場で声を上げて泣き出した。

だが泣いている場合ではない。

にいちゃんを助けなくては。

自分の背丈の倍以上もある物干し竿を手に取った。

火の玉が井戸まで道を先導してくれた。

竿を古井戸に突っ込むと、兄はそれに捕まった。

そんなことをしていると、たけし君の後を追ってきた祖父と父が二人の名を呼んだ。

これで安心だ！　全身から力が抜けた。

父親の手によって無事引き上げられた兄には、溜まっていた水のおかげか、大きな怪我もなかった。

大人が駆け付けた頃には、火の玉はどこかに行ってしまった。

「そのときには、親父やじいちゃんに、兄貴を助けて偉かったと、随分褒められてね。それが何よりも誇らしかったんだな。今でもあのときのことははっきりと覚えてるよ」

ラビリンス

五年程前、高谷君は実家で迷子になった。

二階の自室でネットサーフィンをしていると妙に喉が渇き、一階の冷蔵庫に向かう途中で迷子になったのだそうだ。

「階段がいつもより何段か少ない気がしたんすよ」

夜なのに玄関ドアの磨りガラスから日が差し込んでいることにも、違和感を覚えた。

玄関を過ぎた先、ダイニングキッチンのドアがあるはずの場所には、先程降りたはずの階段が下に延びている。

「夢かな。何か変だなってなって……」

振り返ると、そこにも下方へ向かう階段があった。

顔を上げると、いつの間にか二階の廊下に立っている。

慌てて階段をまた降りた。

またいつもより階段の数が少ない気がした。

そして、明るい玄関。

下へ続く階段。

次は振り返るとドアがあり、開けると自室の光景が広がっていた。

起動したままだったはずのパソコンの電源が消えている。

「そこからはもうあんまり覚えてないです」

どうしても冷蔵庫に行き着かないまま、ひたすら変わってしまった実家の中を駆け回ったのだそうだ。

「それで、いつ元に戻ったんですか?」

「そんなふうに迷子になったんですよ」で話を終わらせようとした高谷君に私がそう訊くと、「……分からないんです。ずっと元に戻ってる気がしなくて」と神妙な顔で返されてしまった。

誰にも話せない話なのだそうだ。

フラッシュ

三橋朋子さん一家の体験である。

ある晩、家族で夕食後にボードゲームをした。朋子さんは当時小学三年生、姉の楓さんは中学二年。両親と四人、リビングで一家団欒《だんらん》だ。

午前中は断続的に雨が降っていたが、夜には晴れていた。

「おっ、雷」

父がそう言ったのは、窓越しに発光を確認したからだ。

「光ってから音が鳴るまでで、雷の距離が分かるんだぞ」

と父の蘊蓄《うんちく》。しかし、待てど暮らせど音がない。

「……ん。また光った。よほど遠いと音も届かないもんだ」

その言葉通り、またも無音。

雨も風もなく、ただ一瞬の発光だけがある。

「空模様、どうなってるんだろうね。雨降るんなら二階の窓閉めないと」

楓さんがそう言って、窓を開けた。

「……ちょっと……ええっ……」

姉の神妙な声色に家族の注目が集まる。

「どうしたの？」

「分かんない……分かんないから、ママも庭見て……」

泣きそうな顔をして懇願する楓さんの元に母は慌てて駆け寄り、外を見た。

「……ちょっと、何あれ？」

「何？　どうなってる？」怪訝《けげん》そうな表情で父が訊ねた。

「庭に誰かいて、その人が光ってる」

「え？　悪戯か？」

「ううん、身体全体が光るの。ピカッて」

「それは意味が……見せろ」

窓に向かう父に朋子さんも付いていき、一緒に外を見た。

暗い庭に確かに人影らしきものがあった。いや、人と判断するにはあまりにシルエットが曖昧過ぎる。あの影が光るというのか。

ピカッ。

確かに光った。

が、かなりの光量の割に目がくらむことはなく、またすぐに庭の人影を捉えることができた。

ピカッ。

ピカッ。

何度か光を見ているうちに意識がぼんやりとしてきた。

この辺りから三橋一家の記憶が希薄になる。

最終的に思い出せるのは、また何事もなくボードゲームをする自分達だ。

何がどうなったのかは、分からない。

しかし、家族全員にその発光する影の記憶は残っている。

頭がバンクしそう

銀行員の香菜子さんから聞いた話。

受付の時間を終え、窓口のシャッターが閉まる。

閉店業務をこなしていると、本部から電話があった。

「今、遠隔で入り口のシャッター下ろすところなんだけど、警備会社からまだＡＴＭに人がいるから無理って言われててさ。お客さん、追い出しておいてくれない？」

話を聞きながらシャッターの格子の向こうにあるＡＴＭコーナーに目を向けたが、そこには誰もいない。

「えっと。ここの支店で間違いないですか？　誰もいませんけど？」

「ほんと？　もう一回警備会社に確認する……。あっちのカメラに映ってるって言ってたんだけどなあ」

受話器を持ちながら、もう一度ＡＴＭに目を向ける。

間違いなく人はいない。

「……やっぱりそこだって。映ってるって」

「み、見間違いですよ！」

香菜子さんはそれだけ告げて受話器を戻した。

本部への対応がそれで正しいかは二の次になるほど、すっかり怯えていたのだそうだ。

出先から戻った支店長に「本部から連絡があったのだが、埒《らち》が明かない内容で怖くなって電話を切った」と説明していると、

『御希望の取り引きボタンを押してキャッシュカードか通帳をお入れください』

少し離れたＡＴＭから音声が流れた。

二人でＡＴＭを見つめるだけの時間が、幾ばくか過ぎた。

ウメザワさん

その日は大変な頭痛だった。

病院に行って頭痛が酷いと訴えると、熱を測れと体温計を渡された。

結果は平熱だった。体温計を看護師に返してソファに座ると、隣に座ってきたおばあさんが顔を覗き込んで訊いてきた。

「あの、ウメザワさんですよね？」

頭痛でまともに対応したくなかったので、「いいえ、違います」とだけ答えた。

暫くすると名前が呼ばれた。診察室に入った。尿と血液の検査。

待合室に戻って検査の結果待ちをしていると、先程とは別のおばあさんが寄ってきて驚いたような声を上げた。

「あら、ウメザワさんじゃないの！」

二度目だなと思ったが、とにかく頭が痛いので対応できない。

「いいえ、違います」

そう答えた直後に診察室に呼ばれた。

検査の結果は心配のないものなので、とりあえず痛み止めを出すと言われた。

会計をするのに待合室に戻る。渡された処方箋には、鎮痛剤を十日分と書かれている。

自宅には同じ種類の鎮痛剤がある。早く帰って寝たほうがいいと身体が訴えていた。

病院横の薬局で薬を受け取った。薬局を出たところで見知らぬお爺さんが声を上げた。

「あぁ！　あんたウメザワさんだろ？」

耳が遠いのか、やたらと声が大きい。頭痛に響く。

「いえ、違います……」

やっとそれだけ答えたが、お爺さんは呆けたような顔をして舌打ちし、薬局の隣にある花屋に入っていった。

人違いしたのはそっちではないか。何故舌打ちされねばならないのか。

一言文句でも付けてやろうと思って、のろのろと花屋の前に立つと、エプロンを着けた店員が出てきた。

「すみません、今日はもうおしまいなんですよ」

店内は明かりも消されている。先程のお爺さんはどこにもいない。

何が何だか分からない。もういいや。

コンビニで何か軽くつまめるものでも買って、早く帰ろう。

ウメザワさん

バス停の前にコンビニがあったはずだ。

這うようにしてコンビニに入り、二、三買い物をした。

会計を終えて外に出ると、向かいの携帯電話屋の入り口に立ち、こちらをまっすぐ見ている男と目があった。

また「ウメザワさんですか?」と訊かれそうだなと思っていると、すぐにバスが来た。

それに乗って帰った。

長電話

春子さんが中学生の頃の話だ。

母が困った様子で誰かと長電話をしていた。

「ええ。まあ。そんなこともあるのかもね……」

「うん……うん……うん」

「……そう言われても。ねえ」

一方的にまくし立てる誰かに、母は宥《なだ》めるような相槌を打っている。

そんな印象を与える場面が、もう一時間半も続いていた。

そろそろ夕食の準備が始まってくれないと困る。こんなにしつこい電話をしてくるとは誰だろう。母が長電話をしている姿を見るのも初めてだ。

「うん。じゃあ、そういうことで。お元気で……」

母のその挨拶でやっと電話が終わった。

「……お母さん、もうお腹空いてきちゃった」

「ああ。ごめんごめん。すぐ作るね」いかにも気の晴れない表情で母はそう言った。

「誰？　随分長い電話だったけど」

「三村のおばちゃんよ。ほら、こないだおじさんが亡くなったじゃない」

三村のおばちゃんは祖母の姉妹の娘で、年の頃は母と近いのだが、つい先日癌で夫を亡くしている。深い交流がある訳ではないが、春子さんは物静かな親戚と記憶している。

「……何かね。旦那さんがまだ家の中にいる気がするって言うのよ。気味が悪い」

「お母さん？　ほんとにおばちゃんと電話してた？」

春子さんは納得いかずにそう訊ねた。

「ええ。そうよ」

「……お母さん、携帯の音大きいじゃん？　声漏れてたけど、男の人の声だったよ」

「……あんたまでそういうこと言うの？　やめてよ……」

母は呆れたような、諦めたような口調でそう言った。

春子さんは何かまずいことになりそうな気がして、それ以上受話器から漏れた男の声については触れず、素直に夕飯ができあがるのを待った。

春子さんは「ずっともやもやしていたこと」と伝えてから、この話を教えてくれたのだった。

そして、静寂

正雄は嘘を言わない男だ。恐らく、人生の中で殆《ほとん》ど嘘を吐いたことはないだろう。私はそう思っている。その正雄が、つい先頃、妙な体験をしたという。

「洗濯機を持っていなくてさ」と話は始まった。「そういう訳でコインランドリーをよく使っているんだけど」

正雄は塾講師をしている。学校を終えた学生達の相手をする仕事が終わると、そこそこに帰宅が遅くなる。日中は殆ど部屋で寝ているか、ウトウトしながら起きている。結局、ランドリーに行くのは夜が幾らか更けてからのことになる。

その晩も、例に漏れず深夜に洗濯物を抱えて外に出た。最寄りのランドリーまでは自転車で十分程で、さほど苦な距離ではない。

そこは三十機ほどの洗濯機が並ぶ、広いランドリーなのだそうだ。

コインを投入してからは、テーブルの周りにずらりと並んだ椅子に座りスマホを弄って時間を潰す。

他に客がいることもあれば、いないこともある。いてもいなくても、気にはならない。

後ろから肩を叩かれてスマホから顔を上げた。

振り返ると、男性が憮然とした表情でこちらを見ていた。

「兄ちゃん。あれ、あんたがやったのか？」

こんなおじさん、知らない。いつからいたのか。

何の話かは分からないが、反射的に「いや」と否定の返事が出た。

「じゃあ、兄ちゃんが来たときから、あれ、あんなだったか？」

おじさんの目線は正雄の前方に向いていた。

捻った身体を戻して、同じ方向を見る。

自分がコインを入れたドラム式の洗濯機が一機回っている。

丸いガラスの向こうで蠢《うごめ》く衣服が見える。

眼前の光景から何の異常も感じられない。

「おかしいよなぁ」

おじさんは何かに引っ掛かっているらしい。が、正雄にはそれが分からない。

「あの。何が変なんすか？」正雄は堪《たま》らず、訊ねる。

「ほら。あの神棚よ」

「神棚？」

言われて動く洗濯機の上方を見ると、確かに神棚があった。
何度も通っているのに、今までどうして気付かなかったのか。
そして、神棚の上に蟹が一匹乗って、ゆっくりと手足を動かしている。
確かにこれはおかしい。
呆気に取られつつ「何であそこに蟹がいるんすかね」と後ろを向いた。
が、おじさんの姿がない。
「はっ？」
視線をまた戻すと、今度は神棚がない。
既定の時間、動いていた洗濯機が止まった。
そして、静寂。

彷徨《さまよ》う

佳世子さんは、私にこの話をしてくれた当時、六十三歳だった。

「トモがたまにいなくなるのよ」

孫のトモ君が迷子になりがちだと、娘が佳世子さんに相談してきた。

「手を繋いでても、気が付くと手が離れてて。何回デパートで迷子の呼び掛けをしてもらったか」

その頃トモ君は九歳で、分別も大概は付いていた。しかし両親はどうにもトモ君が急にいなくなるのだけは止められない。姿を消す息子に対して、慣れが生じるはずもない。

「へえ」と佳世子さん。

「そのうち、何とかなるわよ。御飯食べさせてたら、勝手に育つんだから。どうしても心配なら紐でも付けたら？」

「うーん。紐はちょっと他の人の目があるから、気が引けるのよね」

そんな会話を交わした暫くの後、佳世子さんはトモ君と二人でコンビニまで買い物に出掛ける機会があった。そして手を繋いだ瞬間、すっかり忘れていたあの日の娘の相談を思い出した。コンビニまでは十分も掛からない道程だが、娘から孫を預かった身であるからにはしっかりしなければ。

「トモ君、絶対に手を離しちゃだめよ」

「うん。でも、いなくなったらごめんね」

変わった子だ。迷子になるより先に謝るなんて。

しっかりと手を握り、二人はコンビニに入店した。

はずだった。

店に足を踏み入れた次の瞬間、二人は手を繋いだまま洞窟の中にいた。

ごつごつとした岩に囲まれた洞窟の中、光が差し込む出口に向かって歩く。

異様な事態にあるというのに、懐かしい感覚が佳世子さんを包み込んでいた。

小さい頃に、見たことがあるような景色だ。

ああ、だからいなくなるのか。

何故かそう納得し、洞窟から出た。

すると、また見慣れたコンビニの景色が広がった。

蓋

「ゾッとした経験なら、最近ありましたよ」
久太は左半分剃り残した頭をピシャリと叩いた。
彼は学生時代から住み続けているワンルームマンションで、ベースの練習をしていた。
すると突然、頭上から何かが降ってきた。
床に落ちたそれを確認すると、シーフード味のカップラーメンの蓋だった。
久太は最近カップ麺を食べていない。
何故落ちてきた。どこから落ちてきた。
すると二枚目が木の葉が散るように舞いながら落ちてきた。今度は醤油味の蓋。
三枚目はまたシーフード味。四枚目もシーフード味。
次々に舞い落ちる蓋を唖然として見上げていたが、落ちてきたのは四枚きりだった。
「うち、ロフトとかないんですよ。あ、これあげます」
何の変哲もないカップラーメンの蓋を手渡された。それは今も手元にある。

ティッシュ

京本さんの体験談。


目が覚めた。部屋が暗い。まだ夜か、と目を擦る。

顔に触れた手に違和感を感じた。顔がぬるぬるする。

何らかの液体が顔に付いているらしい。

起きがけのぼんやりとした頭で、枕元のティッシュに手を伸ばした。

二枚掴んで、顔を拭く。

そして、また眠りに就いた。


朝、鏡で顔を確認したところ、鼻血が出ていたことが分かった。

ああ、だから変な感触だったのかと、血の塊が詰まった鼻と薄い赤色に染まった頬を見ながら思う。

そういえば、顔を拭いたな。

血が付いたティッシュがまだ枕元に転がっているはずだ。

布団周りを確認するが使用済みの丸まったティッシュが見つからない。

まあ、いいか。別に後で……。

諦めたときにティッシュは見つかった。

今まで見つからなかった理由は、綺麗に広がった状態で掛け蒲団に張り付いていたということと、無造作に顔を拭いてできあがるとは到底思えない、

『これから』

という達筆な四文字がティッシュに血で書かれていたからだった。

使用した二枚のうち、もう一枚は見つからなかったという。

隙間

神奈川県の海沿いにあるO高校へは、最寄り駅から早足でも十五分ほど掛かる。

川瀬さんは友人達とその道をのんびり登校するのが好きだった。

ただその通学路には、一つだけ気になることがあった。

途中にある民家と民家の隙間に、中年女性が挟まって街路を眺めているのだ。

路肩から更に両手を広げたくらいに奥まった場所で、家と家との間に肩を縮めるようにしてすっぽりと収まった女性は、無表情で登校中の生徒達を眺めている。

それも毎日だ。

その異様な光景を、川瀬さんは、怖いと思いながら通学していた。


ある日、その民家を通り過ぎたところで、一緒に登校している愛子に声を掛けた。

「いつもそこにおばさん挟まってるけど、変な人だよね」

「え、おばさん？」

愛子はきょとんとした顔を見せると、踵を返した。

ちょっと、やめなよーと言う川瀬さんの制止も聞かず、彼女はその民家の隙間をしげしげと覗き込んだ。

「何それ。誰もいないよ」

愛子は変なこと言わないでよと笑ったが、川瀬さんが卒業するまで、その中年女性は毎日毎日、その隙間から通学路を窺《うかが》っていた。

40
法面《のりめん》

「あの道、鹿が出るから行きたくないんだよ」

仕事の都合で十年ほど故郷を離れている間に、梶さんは付き合いが悪くなっていた。

昔は週末ごとにバイクでツーリングに行く仲だったのだが、最近は出不精になったのだろうか。

「鹿って何ですか。鹿くらい平気でしょう」

夜は確かに大きな角が張り出した鹿が道を占領していると驚かされることはあるけれども、行こうというのは昼間の話だ。

何度か誘っているうちに、梶さんには通りたくない道があるのだと気付いた。

「梶さん、県道○号通りたくない理由があるんですか」

「実は俺さ、あそこだけは嫌なんだよ」

それならそこを避ければいいというだけだ。ルートは幾らでもある。

数度遠出をするのに迂回路を使い、キャンプや温泉を楽しんだ。

だが、やはり理由が気になる。

そこで梶さんに何故その道が嫌なのかと理由を訊ねた。

「あの道がツーリングで走ってて楽しい道だってのは知ってんだけどさ、幾つかヘアピンカーブあるだろ」

「はい。あります」

「コンクリの法面があるカーブ分かる？」

そう訊ねた梶さんは、こちらの返事を聞く前に話を続けた。

「縦横にコンクリの枠が走ってんだけどさ、その横になっているところに生首が並んでんだよ。最初は二つだけしか並んでなかったんだけど、年々増えてってさ」

事故で死んだ奴らの首だと思うんだ。だってさ――。

「お前が仕事でこっちにいなかった間に、俺の先輩二人が段差で滑ってそのカーブで落ちてさ。今もその並んでる首の中にいるんだよ」

その話を聞いて以来、県道〇号は通っていない。

くしゃくしゃ

金城さんは若い頃にクラブで黒服をやっていた。

今では随分と丸くなったが、些《いささ》かヤンチャなこともしたという。まだ二十代の彼は、特に強気で生きていた。

そんな彼が住居として選んだのは、事故物件だった。

狭くて古くて室温が低いが、職場の六本木には近い。何より家賃が破格である。

ただ一つ気になるのは、柱に古いお札が貼ってあることだった。

「これは」

「そのままのほうがよろしいのではないでしょうか」

不動産屋も曖昧な笑みを返すだけだった。


金城さんが引っ越して最初にしたことは、貼ってあるお札を剥がすことだった。

だが、その日から奇妙なことが起こり始めた。

昼間にも拘わらず、ペタペタという足音が部屋じゅうを歩き回る。

この程度は覚悟していた。

害がないなら気にするほどでもない。特に明け方の仕事帰りはアルコールも入っている。昼過ぎまで寝て、すぐに街に出掛ける。

家での滞在時間は殆ど寝ているだけだ。だから気にもしていなかった。


ある日、仕事場が休みなので、夜は久々に家で寝ることにした。考えてみれば、この部屋で夜に寝るのは初めてだ。

寝よう寝ようとしていると、子供の足音と思える音が自分の周囲を巡った。

寝入り端を何度も邪魔されて、腹を立てながらも寝返りを繰り返していると、刷毛《はけ》のようなものが顔を撫で始めた。

何が起きているのかと、目を見開くと、そこには束になった髪の毛が浮いていた。

黒い髪の毛の先が、愛おしそうに自分の頬を撫でている。

これはまずいかもしれない。全身から血の気が引いた。

その瞬間、自分の両頬を冷たい手が挟んだ。

絶叫しようとしても、声が上げられない。

脂汗を浮かべながら、これが金縛りかと思っていると、部屋の隅のゴミ箱がカタカタと音を立てている。

何の音だと視線を送ると、ゴミ箱が倒れた。ゴミ箱の中は白く輝いていた。

何事だと混乱していると、目の前でゴミ箱から丸まった紙屑が転がり出た。

それが自分のところにコロコロと移動してきた。

紙屑が自分の身体に触れた瞬間、自分の頬を両手で挟んでいた女が消えた。

金縛りも解けている。

ああ助かった。

その場に転がっている紙を開くと、初日に捨てたはずのお札だった。

ナンパ

松浦さんは若い頃に週末ごとにナンパスポットに出掛けて女の子に声を掛けていた。一人で行くこともあるし、友達と二人以上で連れ立っていくこともあった。

その夜は一人で手持ち無沙汰にしている女の子に声を掛けた。

ナンパ待ちを引き当てれば、それから後の展開が早い。


「後でちょっと送ってってくれますか」

彼女はそう言って笑った。

変な子だなと思ったが、他の子を引っ掛けるには時間も遅い。

ドライブデートの後で、ホテルにしけ込もうかと車を高速道路のインター方向に走らせていると、助手席の彼女が不意に口を開いた。

「私の家、ここからすぐなんです。送ってくれてありがとうございました」

聞いてないよと声に出すと、彼女はうふふと笑った。

「でも、すぐなんですよ。ちょっと寄ってってください」

案内された先は、廃病院だった。

松浦さんもテレビで見たことがある。

「え、ここって」

戸惑っていると、彼女は助手席のドアを開け、トコトコと病院のドアに向かって歩いていく。

「ねぇ、そこって！」

声を掛けたが、彼女はドアに辿り着く前に姿を消してしまった。

松浦さんは、その場で酷い寒気を覚えた。

必死でハンドルを握り、やっとの思いで帰宅した。体温を測ると四十度を越えていた。

その熱は一週間近く続いた。

「いや、そのときから、自分は子供ができない身体になっちゃったんですよ。あの子と関係あるのか分かりませんけどね」

廃病院は今は更地になっている。

京都のタクシー

「お客さん、こらあきまへんわ。ぐるぐる回ってしもてるんで、このまま暫く回りますわ」

「けったいなことなってまして。急いではるんやったら堪忍してください。メーターは気にせんでええです。通常料金にしときますんで」

十分程で着く距離のはずだが、四十分ほど揺られることになった。

運賃は運転手が言った通り、いつもと同じ金額だった。

カメラおじさん

真知子さんが京都で体験した話。

カメラを抱えて、哲学の道を歩きながらスナップ写真を撮っていた。

すると、向こうから三脚を付けた一眼レフカメラを抱えた中年男性がやってくる。

カメラバッグを肩から提げている。本格的に写真をやっている人に違いない。

最近趣味でカメラを手にした真知子さんは、機材も凄いし、きっといい写真を撮る人なんだろうなと笑顔を見せた。

男性も会釈を返してくれた。

お互いすれ違っただけの関係。

しかし、男性とは、哲学の道を真知子さんが端から端まで歩くまでに、五、六回すれ違った。毎回向こうから機材を抱えて現れ、その度にニコニコと会釈してくれた。


きっともう真知子さんは哲学の道には行かない。

河原町

河原町の駅からすぐの場所にホテルを取った。周辺にあるアーケードの小さなお店で幾つも買い物をし、ホテルとの間を何往復もした。

着物姿ですまして歩き、あちらの店にふらり、こちらの店にふらり。そうこうしているうちに時刻は十九時を回った。もうじきお店も閉まる頃合いだ。

次を最後の買い物にしよう。夕飯はもうホテルで軽いものでも食べればいい。

どの店に入ろうかとアーケードをふらついていると、いつの間にか人通りが少なくなっていき、とうとう周囲に誰もいなくなった。

こんな時間なのに何で人がいないのだろう。

大通りは、信号が全部赤に変わっている。車も走っていない。

珍しいものを見たなと思ったが、もうそのときから何かおかしかったのだろう。

アーケードの途中に有名なお茶屋さんのビルがあるが、何故か何度もその前に出た。

ただまっすぐ歩いているだけでも、そこに出るのだ。

最後にはそこに出ることが決まっているようだった。

鼻緒は擦れるし、足も痛いし、汗もだくだくで、手に持った荷物も捨てたいほどだ。

何故着物なんて着てきちゃったのだろう。

こんなに歩かされるなんて思っていなかったからだ。

歩く速度が落ちる。

周囲には誰もいない。這いずるような惨めな姿を誰にも見られなかったのが救いだ。

どちらのほうに行けば良いかも分からずに、アーケードをうろついていると、歩道のすぐ先をカップルが歩いていた。男性が車道側、女性が店側。仲睦《むつ》まじく腕を組んでいる。

ここ小一時間で初めての人影だ。これでホテルへの帰り方を訊ける。

背後から二人に声を掛けた。


掛けた声が必死だったからに違いない。カップルがぐるりとこちらを振り返った。

どちらもお互いの顔を見合わすようにして、そのまま首だけがこちらを向いた。

二人とも満面の笑顔だった。

「すいません。足止めしちゃって。実はホテルへの道を――」

「あんた、帰り」

「帰り」

「帰り」

男性も女性も二人とも同じように繰り返す。

「今すぐ後ろを向いてまっすぐ帰り、まっすぐ帰り」

諭すような言い方だった。

「まっすぐ帰り」

二人はそう言い続けた。ああ、そういうことなんだと察した。

「ありがとうございました！」

頭を下げて、踵を返し、今来た道を歩き始めると、背後から男性の声が聞こえた。

「振り返ったらあかんで！」

会釈をしようにも振り返ることができない。

まっすぐ。まっすぐ歩く。すると、すぐに人通りがあるところに出た。

ほっとして、先程のカップルの姿を思い出した。

二人は背中を向けたまま、フクロウのようにこちらを向いた。

あれから何度も京都に行き、お礼の一つでもしたいと思っているが、もう二度と人のいないアーケードに行くことはできないでいる。

同級生の従兄

　とある海辺の町の小学校に侵入者があった。近隣の家から、夜中に若い男性が遊具で遊んでいるところが目撃されている。

　分別のない若い奴が気まぐれで遊びに入っているのだろうと、その夜は通報しなかったらしい。

　翌朝、バスケットゴールで、高校生が首を吊っているのが発見された。

　警察の調べによると、遊具だけでなく体育館の入り口の南京錠にも指紋が残っていたという。


「……お化け出るって話になってるでしょ」

　真里は声を潜めた。

「あれ従兄のお兄ちゃんなんだよね」

　事件から半年経っているが、彼女はまだ傷ついているのだ。どう扱っていいか分からない心の傷を抱えたままなのだろう。

噂は聞いている。

幽霊が夜な夜なバスケットコートで遊んでいる。

夜中になると遊具で遊んでいる人が出る。

ママさんバレーのお母さんも、肉屋のおじさんも、犬の散歩をしているおばさんも、皆見ている。

「やっぱり、お兄ちゃん、まだ死んじゃうくらいに嫌なことを我慢したままなのかな」

真里の言葉にどう返せばいいのか、分からなかった。


それから五年経った。

今は、彼が最期の地に選んだバスケットコートには体育用具入れの小屋が建ち、コート自体が小学校からなくなってしまった。

その一角は夜がくる度に、他の場所よりも眩しい明かりが点灯する。

話によれば、お祓いも繰り返しているらしい。


それでも夜中に体育館からドリブルをする音が聞こえるという。

山小屋

関君の父親は若い頃に山小屋の管理人をしていた。

シーズンの間はずっと山小屋に泊まり込み、時々里に下りてきては物資を買い込む。それを背負って山小屋に戻るという仕事である。

山では常識では計り知れないことが数多く起きると聞いた関君は、何か不思議な体験はないかと父親に訊ねた。

「ああ、そういや一回、山小屋の周りを何かが歩いていたよ」

怪談の定番である。山小屋やテントの周りを歩く音がするという話を思い出した。

「どういうのが歩いてたの？」

「……熊かな」

軒から雨だれが落ちると水滴で穴が空く。その対策でその山小屋の周りには砂利が敷かれていた。その上を一晩中何者かがザッザッザッと音を立てて歩いたのだという。

だが、熊だとしたら肉球がある。その周りには毛も生えている。砂利の上でもそんなにリズムよくザッザッと歩く音はしないのではないか。関君は父親に訊ねた。

「そうかもしれないな。あとそうだな。そのときに壁をガリってする音も聞いた」

山小屋の周囲を歩き回る途中で、壁を硬いもので引っ掻いて歩くのだという。

「そいつ、どこ引っ掻いてたの？」

「高いところだ。大人が手を挙げて届くぐらいか」

本州の山には熊はツキノワグマしかいない。これは人間の子供ほどの体高である。

「ここらに大人が手を伸ばすような高さに手の届く熊なんていないでしょ」

「ああ。いない。それじゃ多分ムササビだろう」

ムササビは爪が鋭いので、木の板に爪痕くらいは残せると父親は言っていた。

「ムササビってザッザッて歩くのかい」

「歩かないな」

「それじゃ何だよ。それは登山靴を履いた人間じゃないのかい。人間だったらザッザッて足音もするだろう。手を伸ばして引っ掛けばガリガリ音も立てるでしょうに」

何度訊いても父親はそれを認めなかった。

「ハーケンか……いや、やっぱり熊だろうな」

山小屋の天井近くの壁には、何度も繰り返し、鉄の爪で引っ掻いたような傷が無数に付いていたという。

水音

小畑さんは学生当時は風呂なしアパートに住んでいた。当時はまだ銭湯も近くに何軒かあり、コインランドリーも併設されていた。

ある夜、洗濯物を抱えて近所の銭湯まで足を運んだ。コインランドリーに洗濯物を突っ込み、ひと回ししている間に風呂に入る。

銭湯から出てきて洗濯物を回収しようとすると、洗濯機の上に絵葉書が乗っていた。手にとって眺めると、水滴が描かれた絵だ。表面には宛先も何も書かれていない。小畑さんは何の気なしにその絵葉書をアパートへと持ち帰った。

その夜から、水音が聞こえるようになった。部屋のどこからかぽちゃんぽちゃんと水滴が水面を打つ音が聞こえる。

部屋に風呂はないので、水回りといえばキッチンとトイレしかない。しかし、確認しても蛇口は締められている。

漏水だろうか。

水音は夜な夜な大きくなった。

きっと気にしているから大きく聞こえるのだろう。

小畑さんはそう思っていたが、数日経った夜、その音が今までよりも近くで鳴っていることに気が付いた。蛍光灯を点けると、枕元に例の絵葉書が落ちていた。

今まで絵葉書の存在を忘れていた。

小畑さんは絵葉書をビリビリに引き裂くと、ゴミ箱に放り込んだ。

だが、布団に戻っても、水音は止まなかった。明け方、水音は更に近づき、最終的に耳元で暫く鳴った後で頭の中に入ってきた。

寝られない。ゴミを部屋の外に出しても、頭の中には水音が響き続けた。

そのうち店でのやりとりも水音に邪魔されて聞き取りづらくなった。

どうしよう。病院だろうか。そう悩みながら一人で部屋に籠もっていると、頭の水音とは別の音が聞こえることに気が付いた。

アパートの階段を上がる足音。ドアを引っ掻く音。郵便受けがカタンカタンと鳴る音。

もうダメだ。自分はおかしくなっちゃったんだ。

そのとき、突然頭の中に声が響いた。

女の声だとは理解できた。しかし、何を言ったかは理解できなかった。

同時にきゅっと蛇口が締まる音がして、それ以降、水音は聞こえなくなった。

混線

ある冬の平日の昼間、時刻は昼時を過ぎた頃合いである。

洋子さんは住宅街の一角にある道路工事の現場に勤めていた。

道の片側を掘り起こしており、車は片側交互通行になっている。その誘導である。

現場はカーブしており交互通行の両端を見通すことができない。そこで両端で、無線を使って連絡を取りながら安全を確保することになる。

耳には無線のイヤホンを嵌《は》め、手には誘導棒。

そのとき、イヤホンに男の子の声が入った。

「熱いっ！　熱いよう！」

必死な声だ。

何かドラマか何かの声が混線しているのだろうか。

「お母さん！　熱いよ！　助けて！」

暫くすれば混線も収まるだろうと考えていたが、それから五分しても十分経っても、男の子の叫ぶ声は収まらなかった。

休憩に入り、現場監督にイヤホンから変な声が流れてくると伝えた。

確かに聞こえる。

周囲の子供達は皆学校に行っているはずだ。悪戯にしてもたちが悪い。

「あんたの奴にしか入ってないんだけど」

別の一人が周波数を合わせたイヤホンには、洋子さんのものから流れる男の子の叫び声は入っていない。

叫びは三十分間以上続いてぷつりと切れた。

工事の最中、そんなことが起きたのは、それ一回きりだったという。

お誘い

風呂上がり。

パジャマを着た後、鏡に向かって保湿のための化粧水を塗っていると、

「こっちきちゃだめだよ」

と子供の声が背後から聞こえた。

鏡には自分以外に映っていない。

振り返るとざんばら頭をした裸の子供が立っていた。

男の子だ。

「こっちきちゃだめだよ」

行く訳がない。

「こっちきちゃだめだよ」

少しだけ、行きたくなる。

「こっちきちゃだめだよ」

男の子は何度もそう言うが、いつまでもいなくならない。

向かいの乗客

二十年以上前、高校生だった頃の話だ。自宅の最寄り駅は単線の終点で、十七時には職員も帰ってしまい無人になる。学校まで一時間半掛かるような田舎だ。テスト期間などは、他の生徒とは帰りの時間がずれるため電車内に一人、というのも珍しくない。

その日の午後も、そんな感じで車内には自分以外誰もいなかった。

路線上に幾つかある無人駅の一つから、一抱えはありそうな大きなボストンバッグを持った男が乗り込んできた。

四十代と思しき男はこちらの真向かいに腰を下ろした。他に乗客はいない。

電車の揺れにウトウトしながら、カーブの度に車体が軋《きし》むような音が気になって顔を上げる。向かいの窓に視線を投げると、俯《うつむ》いた男と手元のバッグが視界に入った。

バッグから枯れた枝のようなものが出ている。

盆栽だろうか。確かに入れていてもおかしくはない大振りなバッグだが。

それにしても扱いが雑というか、大雑把な気がしないでもない。一度見てしまうと気になって、何度かそれに目をやる。

枝が動いたような気がした。

電車の揺れのせいだろう。そうは思ってもどうしても目が惹きつけられる。

そのうち次の駅に到着しようかという頃、枝先が五本に分かれているのに気付いた。

何か、小さな子供の手を連想させるような――。

そう頭に浮かんだ刹那、男はこちらの足元へボストンバッグを投げ捨てて立ち上がった。

――トサッ。

やけに軽い音がした。中身が入っているとは思えぬ程の軽さだ。

一瞬のことに何が起きたのか分からない。駅に到着してドアが開き、降りようとした男の足は唐突に動きを止めた。

――パァパァアア。

放り出されたバッグの中から呼び止めるように、妙に間延びした、感情の籠もらない空虚な高い子供の声がしたのだ。

男は震える手でバッグを掴み、そのまま力が抜けたように床に座り込んで項垂《うなだ》れた。そのただならぬ様子にバッグを直視することも席を立つこともできず、次の駅まで過ごした。

駅に到着すると男は何か喚きながら降りていったが、何を言っていたのかは聞き取れなかったし、聞きたいとも思わなかった。

何が何やら

知之君が彼女の部屋に泊まったときのことだ。

何度も泊まったことのある部屋だったが、その日の晩は室内がいつもよりも暗く感じていた。テレビを見ながら、彼女が浴室から出てくるのを待っているときにそれは起きた。

まず、テレビのチャンネルが二回、間を置かずに変わった。次に目当てのチャンネルに戻そうと傍らからリモコンを拾い、テレビに向けて掲げた所、パンッと手を叩かれている感触があり、リモコンが下に落ちた。指を痙《つ》ったような感覚にも似ていたので、一度手を擦ってから、またリモコンを手にした。すると、

「るっ！」

と女の大声が部屋に響き、続いて浴室のドアを少しだけ開けた彼女の、

「なぁ～に～？　『るっ！』てなぁ～に～？」

という間の抜けた問い掛けがあった。

札幌のラジオ局

金魚鉢というのは放送局にあるアナウンスブースの通称である。周囲がガラス張りの防音室なので、そう呼ばれている。

今は定食屋を経営している今下さんは、当時札幌のラジオ局で自分の番組を持っており、週に一度金魚鉢の中で収録を行っていた。

ブースの中には自分一人が入り、モニターヘッドホンを耳にしながら、マイクの前で番組を進行させていく。

すると、突然ヘッドホンから女性の声で怒鳴られた。

「何やってんの！　そんなんじゃダメじゃないの！」

あまりのことに今下さんの喋りが止まった。よく、ラジオ放送では五秒の沈黙は放送事故になると言われる。今下さんは、金魚鉢の外でこちらを向いているプロデューサーに大きく手を振って、両手でバッテンを作った。

ヘッドホンをかなぐり捨て、そのままブースから外に出る。

「今の何よ。あんなの聞いてないよ！」

女性の怒鳴り声が聞こえてくるなど、打ち合わせのときには何も言っていなかったではないか。驚かすのもいい加減にしろ。音声もグルになって何やってんだ。

プロデューサーは、そう詰め寄る今下さんに対して、冷静な口調で訊ねた。

「……もしかして、お母さんか？」

確かに母親が勉強しない子供に対して怒るような声だった。

「ああ……うん。ありゃお母さんかもな」

毒気を抜かれた今下さんは、そう答えた。

「ここ、そういうのがあるんだわ。知らせなかったのは申し訳なかったけど、今後は覚えておいて」

「電波障害か何かなの？」

「そういうんじゃないみたい。済まないけど生じゃなかったから、良しにしてくれよ」

このスタジオでは、もう十年以上に亘って、突然お母さんに怒られるらしい。

特にアイドルの女の子の生放送に当たってしまうと最悪で、すぐにＣＭに切り替えたり、曲を被せたり、あとはとにかく宥めるのが大変なのだという。

ハウススタジオ

「あそこは必ず出るって、後で聞いたんですよ」

コスプレイヤーの女性は整った顔を曇らせてそう言った。

東京都と神奈川県の境目にあるとある街にハウススタジオがある。撮影用に一軒家を貸し出しているのだ。

その日はホラーものを撮影するために、撮影担当とそのスタジオを訪れた。

和室を着替え部屋兼荷物置き場とし、部屋ごとに滞りなく撮影を続けていく。

血糊の使用許可はあらかじめ取ってある。

洗剤も持参し、現状復帰の準備は万端である。

リビング、キッチンでの撮影を終え、最後に浴室での撮影に移った。

水場を最後に残しておいた理由は、洗顔などが便利だったからだ。そのように順序も考えられた撮影だった。

浴室でのテスト撮影の時点から変だった。

血糊メイクでユニットバスの浴槽に入ったときに、今までにない寒気を感じたのだ。

露出が多いとはいえ、他のスタジオでも同様のコスチュームで撮影をしている。そのどれとも違う寒気。身体が芯から冷えていくのが分かる。脊髄《せきずい》に冷えた針を何本も差し込まれているかのようだった。

「大丈夫ですか」

撮影担当の声に何度も頷《うなず》いた。

何枚かのテスト撮影のあと、本番の撮影をしようとした彼が声を上げた。

同時に、何者かが背後から肩に触れた。

振り返っても壁だ。

「何？　どうしたの？」

自分の声が必死なのが分かる。

「これ見てください」

カメラの液晶には自分の横に黒い影が映っていた。

「……実はね」

ポーズを確認しているときから、背後の壁の辺りから荒い鼻息が聞こえていた。そして肩を触れられたのだと彼女は撮影担当に伝えた。

「続けます？」

「……あと少しだけ」

撮影続行。しかし、それは直後に中断された。

「今、男達が触ろうとしてた。ここ絶対何かいる」

ファインダーから目を離した一瞬の合間に、男達の姿が現れたのだと彼女は訴えた。

撮影中止。そのときの写真は全てお蔵入りになってしまった。


後日、このハウススタジオについての話を聞いた。

市内にある大学の映画サークルでも、浴室で血糊を被るような撮影をした際に、見知らぬ男に撮影を見られるという経験をしている。

親子連れ

外から二人の子供の声が聞こえる。声の高さから小学三年生か四年生くらいの男の子だろう。歩きながら話をしている。時々笑い声が入る。

大人の男性が受け答えしている声も混じる。

こんな時間に散歩だろうか。時計を確認すると、既に時刻は午前二時を回っている。

声は、住んでいるアパート沿いの道を楽しそうに通り過ぎていく。

その夜を境に、時折、〈声〉が聞こえるようになった。時刻は午前二時から三時までの間。声の聞こえてくる方角も同じ。アパートのすぐ脇を通って、奥に向かって歩いていく。

その晩も親子三人の楽しそうな会話が通り過ぎていく。

声が怖いとか変だとかいう訳ではない。しかし、いかんせん時刻が遅い。しかも小学生の子供達が、親同伴とはいえこんな時間まで出歩いていて良いものだろうか。

お父さんの仕事の関係でこの時間が家族サービスの時間なのだろうか。しかし、翌朝には子供達は学校に行くだろう。

そう思い至った時点で、好奇心が湧いた。三人の姿を確かめたくなった。

——どんな人たちなのか見てみよう。

好奇心を抑えきれなかったので待ち伏せをすることにした。

翌晩も二時を過ぎた頃に声が聞こえてきた。タイミングを見計らい、上っ張りを纏って玄関の外に出る。声が近づいてくるのを待ってアパートの敷地内から様子を窺う。

しかし、声は響いてくるが、いつまで経っても親子連れの姿が現れない。通りに顔を出す。声からして、すぐ脇の植え込みの辺りを歩く親子連れがいるはずだった。しかし誰もいない。いつの間に止まったのか、声も聞こえない。虫の声が響くだけである。

三人はどこに行ったのだろう。一本道なので逃げ場はない。我慢できずに近所を探して回った。

しかし、どこにも人影はなかった。

何回試しても同じ結果だった。

今でも夜になると、幸せそうな親子の声が通りを歩いてくる。もう仲睦まじい三人の邪魔はしないようにしている。

その渾名《あだな》、絶妙につき

怪談会の帰り、ある女性の怪談ファンからこんな話を聞いた。

「自分が住むマンションのエレベーターに出る」というのだ。

マンション一階にて。エレベーター扉の前におじさんが立っていた。知らないおじさんと二人きりの同乗は御免と、あえて立ち止まった。暫くすると扉が開き、おじさんが乗り込む。扉が閉まれば問題なしなのだが、開いたままだ。というのも、さも「さあ、どうぞ私が開けて待っていますから、どうぞ乗ってください」と言わんばかりに内部から手が伸び、扉を押さえていたのだ。

「待ってくれてるなら乗らなきゃ」とエレベーターに駆け込んだ。

「えっ……」

エレベーター内にいるはずのおじさんの姿はそこにはなかった。

これが顛末《てんまつ》だ。

ちなみにこの話を教えてくれた方は、そのおじさんが履くウィンドブレーカーのズボンが特徴的に感じたらしく、おじさんのことを「シャカパン」と呼んでいた。

腹式

「うるさいな」

「えっ？」

夜、テレビを見ていると台所で洗い物をしていた妻が急に不満を訴えてきた。

「さっきから、うるさい」

「テレビ？　そんなに大きい音出してないでしょ？　お前だってこんくらいで見てるじゃん」

夫婦喧嘩は些細《ささい》なことをきっかけに起きるものだ。夫の口調は既に荒い。

「違うわよ。あなた何が面白いの？　それ。その誰かの真似。それの何が面白いの？」

「真似？　誰が何の真似してるって？」

妻の意味が通らない訴えに、更に夫の口調は荒くなった。

「むか～し、むかし、ある所に……って馬鹿じゃないのぉ？　それを聞いて、あたしが面白いと思うと？　何回も何回もくどいし……子供じゃないんだから、いい加減にしてよね！」

舐めた口調で妻はそうまくし立てるが、あまりに内容が理解できず、夫は怯む。

「ちょっと待って。それって、そんな声があったってこと？　俺じゃないよ。アパートの廊下からじゃないの？　それか外にいる誰かか」

「違うわよ！　同じ部屋から聞こえる音くらい分かります！　あんたよ！」

「ちょっと待って。ほんとに俺じゃない。え？　何？　どんな声？」

「……むか～し、むかし、ある所に。って甲高い声色で……。あんたじゃないの？」

「シッ！　黙って。聞こえるか検証。俺じゃないから」

暫し沈黙。

と。

「むか～し、むかし、ある所で……」

抑揚の付いた老婆の声が部屋に響いた。

「あっ」と妻。

「えっ」と夫。

声は全く口を開いていない夫の腹部辺りから響いていた。

声はその後も間を置いて三度続いた。

声が収まった後、夫婦は「こういうのはお祓いにいくべきなのか。またお祓いには幾ら掛かるものなのか」などの相談を、身を寄せ合ってした。

吊り橋

その夫婦はひと頃、とにかく仲が悪かった。婚前に子供はもうけないと約束していた共働きの二人は、朝から晩まで極力顔を合わせないように一日を過ごしていた。仲が悪くなった大きな原因は特にある訳ではなく、八年間の共同生活のストレスがじわじわと皹《ひび》を入れていたに過ぎない。そういう訳で夫婦は外泊することもなく、一日の最後には必ず同じ屋根の下に収まっていた訳である。

「ねえ。あのさ」

朝のリビング。

妻に話し掛けられたのはいつ振りだろう、と夫は思う。

「あんたの部屋、変なことない？」

夫は「あっ」と思わず声を出す。

「やっぱり、何かあるの？」

懇願するように妻はそう訊ね、夫は「ううん」と項垂れる。

「お婆ちゃんでしょ？　首絞めてくるでしょ？」

まともに考えれば妄言だが、事実、その見知らぬ婆は首を絞めてくる。寝ているときに現れるなら夢だと思えるが、本を読んでいるとき、テレビを見ているとき、パソコンに向かっているとき、急に現れ、両手を首に伸ばしてくる。

気道を絞められているはずのこちらが呼吸困難になることはない。しかし、絞められている意識はある。夫はここ二週間ほど、不意の婆に連日遭遇していた。

「あれ、何?」

「この前、山の中で舗装工事した。そのせいかも」

夫は間が抜けた返答かもしれないな、と思いつつ自分の思いを伝えた。

そこから夫婦は、どうするか、どう対処したらいいかを話し合った。

夫の会社の上司に相談したところ、地鎮祭でお世話になっているお寺を紹介してもらった。

お祓いをしてもらってからは夫婦ともに婆の姿を見ることはなくなった。

そして吊り橋効果のようなものであろうか、夫婦仲は改善された。

KAIDAN

智美さんは大学生の頃の話をしてくれた。

「小綺麗なアパートで、そんな感じはなかったんです。家賃が高いだけあって、立地もセキュリティもばっちり。お金に余裕のある親が払ってないと、まあ借りるのは無理という感じの学生アパートでしたね」

アパートは三階建て。新築ではないが、リフォームにリフォームを重ね、新築然とした佇まいだった。大学の先輩も後輩もそこに住んでいたので、頻繁に互いの部屋に遊びに行っていた。楽しい学生生活……のはずだった。

三年生になった頃、急にアパートの噂が立った。先輩だったか後輩だったか、とにかく友人からその噂を聞いた。

「深夜、階段に変な人が座り込んでるんだって……」

「え……？　変質者？　いやだぁ」

「それがね。変質者ともちょっと違うみたい……どっちかっていうと、これよこれ」

そう言って、友人は両手を前に出し両の五指を下げた。

「……いやだぁ……」

そんな話が大の苦手である智美さんは以来、すっかりアパートが怖くなってしまった。なるべく帰りが遅くならないようにするのは勿論、昼夜問わず極力階段を使わずにエレベーターを利用するようにした。以前自分が時折階段を使っていたことを思い出すだけでも、怖気《おぞけ》が走るほど怯えた。

そんなある日の午後。エレベーターに「点検中」の札が掲げられていた。

（……嘘でしょ……）

嘘ではない。そんなときもあるのは知っている。しかし、これでは困る。まずは同じアパートの後輩に電話を掛けたが繋がらない、ではと先輩に掛けたが出先だった。

今すぐどうしても部屋に戻らなければならない理由もない。ここは一つ、諦めるという選択肢もある。しかし、今日はもう疲れた。帰って横になりたい。そもそもこんなに明るいのに、何か起きることなど果たしてあるだろうか？

アパートの階段は玄関ロビーのエレベーターの対面にある。目指すは三階の自室だ。

一階から二階へ。何もなし。

二階から三階へ。

いた。

踊り場を折れてすぐの階段の途中、ど真ん中に男が座っているのを確認した。

（ああ、はいはい。無理無理。これは無理）

男をじっと見た訳ではないが、何とも言えない独特のムードを感じた。服装などは覚えていないがただそのムードだけが今でも記憶に残っている。

逃げるように下へ向かった。やはり帰るのは諦めようと思っていた。

今度は二階から一階へ向かう階段の途中に男の背中があった。やはりあのムードで真ん中に座り込んでいた。あのムードを出す男に挟まれてしまった訳だ。

（ちょっと！　無理無理無理無理ぃ！）

と思いながらも、足が男の背後にめがけて進んだ。とにかく逃げたい一心だった。

男の横を通り過ぎる予定だったが、何故かジャンプをして男を飛び越した。

智美さんは決して階段上をジャンプするのが得意な訳ではない。それだけ怯えていたということだろう。

そして、ちょうど一階に着地した。キッと振り向くと男の姿はなかった。

ユニットバス

笙子さんがひょんなことから知り合った立川さんという四十代の男性は、家賃が安いという理由で、好んで事故物件を借りているという。彼自身は十年以上前に六本木で黒服をやっていたらしく、調子と羽振りの良い中年男性だ。

住んでいるアパートの家賃は六畳二間とキッチン、ユニットバス付きで二万円を切っているという。相場の三分の一程度である。

「別に、部屋自体はリフォームされてるから綺麗なんだ。ペット可だから六匹ミニチュアダックス飼ってるんだよ。遊びにくるかい」

笙子さんは友達二人と一緒にその犬達を見に行くことになった。

駅に八人乗りのワンボックスで乗り付けた彼は、三人を後部座席に乗せると、駅から山のほうへと向かった。

「いや、うちの家はねぇ、ちょっと入るのに順番があるんだよ」

道行きで、車は同じ場所をぐるぐる回った。何でこんなことをするのかと不安になる。

「不思議でしょ。でもこれしないとダメなんだよ。俺も最初はびっくりしたんだけどね。もう慣れちゃった」

着いたのは築四十年は経っているであろう古いアパートだった。その一階に立川さんの部屋がある。背後には山が迫っているという土地だった。

部屋には何故か庭から入った。ミニチュアダックス達に出迎えられた。女子三人で六匹の犬と遊んでいると、一つ気が付いたことがあった。犬が台所に入らないのだ。

「別にしつけをした訳じゃないんだけどね。ここに引っ越してきたときからそうなんだ」

「えー。ここって確か事故物件なんでしょー」

友人の一人が笑いながら訊ねた。

「そうだよ。何も出ないけど、ちょっと変なことならあるかなぁ」

「じゃーさ、ドッグフードあげたらこっちに来るんじゃない？」

もう一人が餌用のボウルにドッグフードを入れて、台所に持ち込んだ。

飛びつくはずだと思っていたが、やはり犬達は台所に近づかない。

ドッグフードを部屋に戻し、犬と暫く遊んでいると、もう夕方になってしまった。笙子さんがそろそろ帰ろうかと思っていると、察した立川さんが声を掛けた。

「もう少ししたら変なことが起きるから、それ見てから帰れば？　帰りは送ってくよ」

何が起きるのかと居間で待っていると、ユニットバスの中から水音が聞こえてきた。

「始まった」

三人は顔を見合わせた。

ただ水が流れているだけではない。中でシャワーを浴びながら何かをしている。

「誰か身体洗っているよね」

「ちょっと中を見てもいい？」

「見てみれば。誰もいないよ」

立川さんにとっては慣れたことなのだろう。

ユニットバスのドアを開けると、シャワーも蛇口も締まっている。

そのとき、笙子さんには、中に黒い影が立っているのが見えた。

向こう側が透けて見える全裸の女。髪はショートカットで、そこから水が垂れている。

「笙子？　笙子？」

暫く目を奪われていたが、友人に声を掛けられてハッとした。

「何か見えてるの？」

怯えたような声で友人が訊ねた。横で犬もキャンキャンと怯えた声を上げている。

「え……。うん。何でもない」

女は立川さんのことをじっと見ている。目を付けられているのは立川さんだ。

怖くてこの場にいられない。

「もう私帰りますね！」

部屋を出ようとすると、立川さんも立ち上がり、車で駅まで三人を送ってくれることになった。

「いや。怖がらせちゃったかもしれないね。ごめんねー」

立川さんは帰りの車内で自分もあの部屋にいるのが怖いのだと打ち明けた。今回三人を呼んだのも、最近ますます怖く感じるようになってきたので、誰かにいてほしくて呼んだとのことだった。

「それでさ、さっき笙子さんは何か見えたの？」

笙子さんは女が見えたとは言えなかった。


その後二カ月ほど経って、立川さんは体調を壊し、そのアパートを引っ越したらしい。

そして今はもう連絡が取れなくなっている。

トラロープ

大学三年生の春のことだったという。

小見山君がドーナツ屋でのアルバイトを終えてアパートに戻ったのは午前一時近かった。シャワーを浴びてそろそろベッドに潜ったところで、カーテンレールにロープが引っ掛かっているのに気が付いた。黄色と黒のナイロンで編まれたトラロープだ。そんなものを引っ掛けた覚えはない。立ち上がって近寄って手に取る。それは輪になるように途中に結び目が作られていた。明らかに素人のものではない。ハングマンズノット。日本語では絞首刑結びと呼ばれる結び方だ。つまり、首を吊るためのロープだ。

こんな気持ちの悪いもの。どうしたっていうんだ。

自分以外は部屋に入らない。今まで部屋には友達も呼んでいない。だから自分でどこから拾ってきたのだろう。記憶にはないが、そういうことになる――のだろう。

小見山君はそれをゴミ箱に放り投げた。

だがその翌晩から、窓際で男が首を吊る気配が始まった。

何かが見えている訳ではない。気配、むしろ音だ。

何かを蹴る音。それが倒れる音。そこで重いものが揺れる気配。

毎晩深夜二時前になると、それが始まる。

もう二年と二カ月住んでいる部屋で、今までにそんなことが起きたことはない。

大学で友人に相談すると、気のせいだと繰り返された。確かに気のせいかもしれない。

小見山君よりも頭一つ高いマッチョな友人が、泊まりにいってやるよと笑った。

しかし友人は、音が始まると同時に顔色を変えた。

悪いことは言わないから、すぐに引っ越したほうがいい。

震える彼に、そこまでする必要があるのかと訊ねると、今まで一度も見えたことがないのに、そこに男がぶら下がっているのが見えてしまったと答えた。

工事現場の作業服を着て、ヘルメットを被った痩せ細った老人が、トラロープで首を括って揺れている。

今も揺れているから、すぐ引っ越したほうがいい。俺はもう帰るから。

終電も終わってるぞと声を掛けると、ファミレスで時間を潰すからいいと返された。

結局その晩は、小見山君も友人とファミレスで朝を迎えた。

それから一カ月ほどの間に、音が少しずつ自分のベッドに近づいてきた。

男の息遣いまで聞こえるようになって、これは限界だと悟った。

小見山さんはそれで引っ越したという。


次のアパートで暮らし始めてまだ数日のことだった。アルバイトから戻ると、まだ開けてもいない段ボールの上にトラロープが落ちていた。

まさかと思い、ベッドに潜り込んでじっとしていると、窓際から聞き慣れた音が聞こえてきた。

椅子のようなものを蹴飛ばす音。それが床に倒れる音。何かが揺れる気配。

だが、もう貯金は底を突いていたし、入居した翌日に引っ越すこともできない。

彼はそのまま卒業までその部屋に住み続けた。


そして大学四年生の二月。卒業も近いある夜、トイレに行こうとしたときに、小見山君は首を絞められた。意識を失うまでは、あっという間だった。

気付いたときには、パジャマの前が濡れており、首にはロープの跡が付いていた。

幸いなことに、それ以降、夜ごとの音も気配も消えたという。

共同溝

「不思議な話なら、前の仕事でこんな体験しましたよ」

現在定食屋を経営している秋元さんは、脱サラ以前はインフラの工事を担当していた。当時の仕事は、地下の共同溝に潜って内部を点検するというものだった。共同溝とは、電気やガス、水道などのインフラ設備を一つの大きな土管に通し、個別に地面を掘り返すような工事をしなくていいようにするという配管設備だ。

彼はその日、六本木の駅を降りた。五分ほど歩くと、地味なビルの前に出た。インフラ系会社の持ちビルで、地上四階建てのコンクリート打ちっぱなし。築四十年ほどだろうか。窓も小さく、雰囲気はトーチカのようだ。わざと人目を引かないデザインにしてあるようにも思えた。

今日の仕事の現場である。事前に渡された資料によれば、ビルの中は地下四階まで降りられるようになっており、その一番下のフロアには、共同溝へと繋がる大きな円形ドアがあるという。潜水艦のドアのように、巨大なハンドルを回して開閉する。しかも厳重に管理されており、共同溝側からは開けられないようになっているらしい。

「そもそも何でそんな厳重かっていうと、理由はテロ対策らしいんですよ。適当な道端とかに入り口があったら、テロリストがそこから入って大変なことになる。だから二十四時間人がいる施設をわざわざ用意しているし、ドアもセキュリティ対策が厳重だという話なんです」

でもね。本当は仕事でもそこのビルには行きたくなかったんですよ。

秋元さんは唐揚げを油から上げながら言った。

「先輩から、そこの社員さんが変なことを言ってたって散々聞かされてたんです。その円形ドアが時々勝手に開くらしいんですよ。昼間でも夜でも、地下からガチャーンって鍵が開いて、ぎいいいいってドアが軋む音が聞こえる——はいお待ち」

唐揚げ定食をカウンターに置いて続ける。

「そうすると、事務作業をしていた先輩社員が、一番下っ端の社員さんに向けて、見てこいって言うらしいんですよ。さっき言ったように、そもそも共同溝のほうからは開けられない構造になっている訳ですから、開くはずがない。下っ端社員が、『俺行くんですか』と戸惑っていると、階段をカツーンカツーンって誰かが上がってくる。でも、身構えて待っていても誰も上がってこない。階段を下りていっても姿が見えない。でもそのドアが開いている。そういうことが時々あるって聞かされてたんです」

ビルのドア脇のインターホンを押し、社名を名乗ると、制服を着た男性が現れた。名刺を渡し、担当の社員さんと並んで階段を地下四階まで下りていく。

壁には想像していたよりも巨大な円形ドアが設《しつら》えてあった。

社員さんがハンドルを回してドアを開けた。

「今日は、私も途中まで同行しますので」

普段ならば、点検が終わり次第、インターホンで呼ぶという手続きだ。しかし今日に限っては、その社員さんも通路に足を踏み入れた。しかも自分より半歩ほど先を歩いていく。その間、円形ドアは開きっ放しである。共同溝は内部から圧が掛かっているので、前方から風が吹いてくる。

二人で無言のまま歩を進めていく。五メートル。十メートル。すると突然社員さんが歩みを止めた。

——あれ？　どうしたのかな。

秋元さんも立ち止まった。すると、社員さんが囁いた。

「今、真後ろにいますから」

えっ　何が？

青白い蛍光灯に照らされた社員さんの表情が硬い。

これはただごとではないと直感した。

背中側から冷たい空気が流れてくる。先程までは前から流れてきた風が、背後から冷気を伴って漂ってくる。

「それに気付いちゃったらね。もうぶわっと嫌な汗が噴き出しましたよ。振り返る訳にもいかないじゃないですか。どうしようどうしようって思っていたら、社員さんが『はい良いですよ』って、また歩き出したんですよ。いや、もう怖くて一人では作業できないから、ずっと一緒にきてくれって社員さんにもお願いしたんですけど、断られちゃったんで、作業中凄く心細かったですよ」

秋元さんが後に聞いた話だと、その地域は昔の青山墓地の一部に相当するらしく、共同溝の工事をしたときにも、そのビルの工事をしたときにも、大量の卒塔婆《そとば》が出たとのことだった。

川沿いのマンション

狸穴さんの勤める不動産屋で管理する川沿いのマンションの話。

そのマンションには月一で点検に入ることになっている。廊下の電灯の様子や、清掃の様子などを確認するのだ。


五年ほど前のある朝、点検のために車を駐車場に入れようとしたときの話だ。

十メートルほど先の川沿いにはゴミの回収場があり、そこに黒いゴミ袋が出されていた。

黒くて半透明のゴミ袋は、恐らく七〇リットルのものだ。一般的な四五リットルのものより一回り大きい。車を駐車場に入れた。その時再び視界に入ったゴミ袋の正体は、半透明の真っ黒な人間だった。

男か女かと問われれば、恐らくは女。立ち上がれば日本人の平均身長くらいはあるだろう。痩せ型だが表情は分からない。

これに関わると危ないのではないかと思い、見て見ない振りをした。

真っ黒ということは、焼身自殺でもした人なのだろうか。

ゴミ捨て場はマンションの真裏だ。近所で人死にが出れば、すぐに耳に入るはずだ。

しかし、何も聞かされていない。

消防署の裏なので、そちらのほうから来たのかもしれない。

何も分からない。


その女はゴミ捨て場に三年もの間、蹲り続けた。

「またいる」

「今朝もいる」

狸穴さんがマンションの点検に来る度にその姿を確認しており、点検日誌にも記録されている。

だが、ある日を境に、次第にその影が薄くなり始めた。

それから、とうとう三カ月ほどで消えてしまった。

「幽霊ってあんなに中途半端に消えていくものなんですか」

狸穴さんにはそう訊ねられたが、答えに詰まってしまった。

磯遊び

小学五年生の夏の話。美緒さんは家族で日本海まで海水浴に行った。

海岸線を車で走っていると、他の場所と違って人がいない浜辺を見つけた。海水浴が禁じられているのかと思ったが、近くの宿の人に訊ねると泳いでも大丈夫だとのことだった。

隠れ家スポットみたいな感じだろうか。

そこで家族で海に入ったり砂浜で遊んだりしていたが、ふと右手のほうを見ると、岩がゴロゴロと海に浮いているような光景が広がっている。

美緒さんは好奇心を刺激され、家族に黙ってそこに足を運んだ。


浅瀬で岩がごつごつしている。ビーチサンダルの横を磯の生物が逃げていく。

そこで岩の上をポンポン飛んで一人で遊んでいた。

あっ。

運悪く足を滑らせ、岩と岩の間に落ちてしまった。

狭い岩の間を、思いの外強い力で波が抜けていく。足が着かない。浅瀬だとばかり思っていたが、意外と深い。

海水に揉まれるが、どうすることもできない。波に巻かれた海藻類が脚に絡まる。

苦しい！　死んじゃう！

吸い込んだ海水で咳が出た。このままだと意識が途切れる――。

そのとき、誰かが両脇を抱え、まっすぐ空中に引っ張りだしてくれた。

溺れかけた美緒さんを波間から引き上げてくれたのは、割と細身で背の高い、若い男性だった。黄緑の水着を身に着けている。

岩の上にへたり込んだ彼女を、男性は黙ったまま見下ろしていた。逆光で表情は分からない。

彼は無言のまま手を差し伸べてくれた。美緒さんはまだふらついていたが、岩場を二人で渡って浜に戻った。男性がそっと両親のほうへ背中を押してくれた。

「助けてくれてありがとう。おにいちゃん、バイバイ」

「もう危ないことをしちゃだめだよ。あと、僕を見つけて」

この人は何を言っているのだろうと振り返ると、今し方背中を押してくれた男性の姿がもう見えない。周囲には誰もおらず、一人きりだ。

あの人はどこに行ったのだろうと、戸惑いながら周囲を見回していると、先程まで遊んでいた岩場よりも離れた波打ち際に、つるりとした白い物が目に入った。

少し近づくと、黄緑色の水着が波に揺すられているのが分かった。

人が倒れてるんだ。

美緒さんは先程の男性の言葉を思い返すと、両親の元に走った。

両親はすぐに警察に通報した。

倒れていたのは若い男性の遺体だった。

両親と警察に止められたので顔は確認していないが、美緒さんはその人が自分を助けてくれたのだと信じている。

F高校

　都内のとある高校での話である。

「昭和の終わりの頃に、高校のすぐ近くでビルの建設工事に携わっていた作業員が事故に遭って亡くなったって言うんですよ。もう詳しい死因については分からなくて。先輩達は鉄板の下敷きか、クレーンに引き摺られたかのどっちかだって言うんですけどね」

　今から三十年以上前のことである。記憶も風化する。学内での事故なら正確な話が伝わるのかもしれないが、近隣の事故である。最早どのビルがその事故の現場だったかも風化している。

「で、その作業員のおじさんが、夜になると校舎を巡るっていうんですよ。高校とは全然関係ないのに」

「その噂なら知ってるよ」

　清丸さんは、俺の同級生にそのすぐ近くの小学校に勤めてる奴がいるんだよと前置きして教えてくれた。

その先生の務めるT小学校からはF高校の校舎の中が見えるのだという。

「昔は宿直室なんてものがあったんだけどね。今はもう警備会社に頼んじゃってるし、無人警備だから、侵入者が出たときとか警報が鳴ったときにだけ、警備員が来るってことになってるんだ。だから時間を過ぎたら帰るんだけど、それでもごく稀に先生の帰りが凄く遅くなることはあるらしいんだ」

その先生は、帰りがけに廊下を歩きながら、何げなくF高校のほうに視線を送った。すると廊下を男性が歩いている。

高校の明かりは消えていて真っ暗にも拘わらず、何故か男性が作業着を着ていることまで分かった。

巡回をしているのであれば、懐中電灯を使うだろう。残業の先生なら廊下の明かりを点けるだろう。

何か見てはいけないものを見てしまったような気持ちになり、彼は急いで帰宅した。

翌日、同僚の先生に、昨晩見たものについて漏らした。すると同僚は、お前も見たのかと言って教えてくれた。

「昔、近くのビルで事故に巻き込まれて亡くなった作業員だろ。聞いていないのか?」

その作業員による巡回は、三十年以上に亘って毎晩ずっと続いているのだという。

トイレの鏡

みゆきさんが通っていた高校の四階のトイレには一つ噂があった。

幽霊が出るというのだ。それだけではない。鏡の前で撮ると、必ず心霊写真が写ると言われていた。

その噂は近隣の高校にまで伝わっており、時には別の高校の生徒までもが校舎に入ってきては、そのトイレを目指した。

流石にこうなると教員も保護者も問題視するようになる。幽霊がどうとかではない。他校の生徒が入ってくるのが問題なのだ。

生徒への聞き取りが始まった。その結果、教員も保護者も、心霊写真が撮れるから問題なのだという結論に達した。

しかし、本当に撮れるものなのだろうか。

「それでは、撮ってみますか？」

これで撮れなければ、デマに惑わされるなと伝えることもできるだろう。

デジカメでは加工されているかもしれないという嫌疑を晴らすために、彼らは真新しいフィルムを詰めたカメラを持ち寄った。

噂の鏡の前でシャッターを切ると、すぐに近所の写真屋に持ち込み、その場で現像してもらった。

すると、鏡の中には、セーラー服を着たおさげの女の子が写っていた。

「……これ、言い逃れできませんよね」

保護者の言葉に、教員も黙ったままだったという。

結局、次の長期休暇に、そのトイレから鏡は取り外され、今もそのトイレにだけは鏡がないのだという。

縦割り

中学二年の夏休み。桂子さんは美術部の部室に絵の具セットを忘れたことに気付いた。

明日から暫く学校へは立ち入り禁止になる。

そこで彼女は、誰もいない校舎へと忍びこんだ。

休みなのに、先生は登校しているらしく、校舎に鍵は掛かっていなかった。

蛍光灯が点いていないので、日中でも廊下や教室は薄暗い。誰か飛び出してきたら怖いなとおっかなびっくりしつつ歩いていく。次第に早足になる。

部室に着いた。自分のロッカーから画材と絵の具の入った箱を鞄に詰める。

そのとき、桂子さんは部室の隅のイーゼルに立て掛けられた絵に気付いた。絵は直接陽の当たるところには置かない。退色してしまうからだ。

だがその前に、背中を向けて一人の女子生徒が立っている。

誰だろう。いつの間に。いや、それよりも何故向こう側が透けて見えるのだろう。

この世のものではないと気付いた。

佳子さんは、女子生徒の背中から目を離さないようにして、じりじりと後ずさった。

その気配を感じてか、女子生徒がくるりと振り返った。

目が合った。子供が遊ぶ人形みたいだ。佳子さんはそう思った。

眉の上でまっすぐに切りそろえられた明るい栗色の髪。見開かれた目は瞳が大きく、引き込まれそうだ。対照的に唇が小さい。幼い顔立ちの美人だ。

その顔がにこりと微笑んだ。目は微笑みを見せたが口元は歪んだ。

口が縦に割れていく。鼻の下から顎の真ん中までが裂けて、中の肉色がこぼれた。

凸凹した白い歯が見えた。

そのときには全力で廊下を走り出していた。だが、文化部なので運動は苦手だ。

何でこんなことに。

息ができない。

苦しい。

振り返ると、女生徒が四つん這《ば》いで追い掛けてきている。

廊下を抜けて外まで出られれば助かるはず。

佳子さんは必死に腕を振った。

そのとき、廊下の途中で絵の具の入った木箱が鞄から落ちた。油絵具のチューブが廊下に散乱した。

咄嗟《とっさ》に足を止めた隙に、女生徒が追いついた。

どうしよう。

助けて。

女生徒は立ち上がると、佳子さんを見下ろして甲高い笑い声を上げた。

アハハハハハハハ！

彼女は佳子さんに手を上げるでもなく、校舎中に響く笑い声だけを残して、その場から消えてしまった。

川崎のカラオケボックス

「昔バイトしてたからよく知ってるんだけど、カラオケボックスに女の人が出るんだよね。奥から二番目の部屋なんだけど」

和美は携帯を取り出した。

「今もあんのかな。ちょっと調べてみる」

入り口から左に折れて奥から二番目の部屋。自殺があったという噂もある。

「それは眉唾なんだよね。あたしも先輩から聞いただけだし。でもね、監視カメラを見てると、変なものが映るから、そこの部屋は消すんだー」

彼女はケラケラと笑った。

「高校生のカップルとか、何やってっか分かんないけど、その部屋ではあまり悪さしないんだよね」

店は今もある。レビューによれば、古くて汚くて、でも安くて飯が美味いというのでそこそこ人気があるようだ。

ブルースクリーン

夜十一時。シャワーから上がると、夜の現場を担当している俊行から電話が掛かってきていた。リダイアルすると、すぐに彼の声がした。

「あの。今すぐ先輩に見てもらいたいもんがあるんですよ」

現場は、築半世紀の団地群の取り壊し現場である。解体は棟ごとに順次手を付けられているが、後ろのほうは廃墟のまま暫く放っておかれる。だから、浮浪者や悪戯目的の立ち入りがないように、警備員が巡回するのだ。

「今もう遅いから、明日の昼でいい？」

「いえ、夜じゃないとダメなんすよ」

何があるというのだろう。現場までは自転車で三十分ほど掛かる。正直面倒だ。

「どうしても？」

「どうしてもっす」

それほど言うなら仕方がない。着替えて現場まで自転車を走らせた。

「何よ。もう日付変わっちゃったじゃない。こんな時間に呼び出さないでよね」

「ええ。すいません。で、ちょっと来てくれますか」

俊行は徒歩で、こちらは自転車で、アスファルトの剥がされた砂利道を辿っていく。

「ここからでも見えますね。先輩、あれ何でしょうか」

彼の指差した先には、青い菱形の光があった。

何あれと呟くと、俊行は〈もっと近くに行けば分かりますよ〉と言った。


青い光の前に、ぼうっとした人影が四つ。光を受けてシルエットが浮かんでいる。

「あれ、テレビだよね」

「やっぱり先輩もそう思いますか」

もう解体されて更地になっている空中に、人影の覗き込む四角い画面。

「三階、いや四階かな」

「四階でしょうね」

光は、テレビで電波が受信できないときに映し出される青いスクリーンの色をしていた。

四階のリビングに設えた大型の液晶テレビ。なのだろう。たぶん。

その光は一週間ほどの間続いていていたが、不意に消えて、それっきりだった。

地下道

バブル期の狂乱の時代の横浜での話である。カツノリさんは、当時横浜の関内や石川町の辺りで、土地の転売を専業にしていた。

「ほら、細切れの土地を買い集めてさ、ニコイチサンコイチにして大きめのビルを建てられるようにするのよ。そうすると土地の価値が上がるからさ。それで利鞘を稼ぐというのが、結構いいシノギになったのよ。でもね、あまり良くないものを掘り当てることもあってさ、困ったこともあるよ」

あるとき、買い受けた土地を掘り起こしていると、地下室を掘り当ててしまった。

「これ聞いてないですよ」

工事の担当者も図面を見ながら首を傾《かし》げている。

「ちょっと確認して。古い配管とかあったら酷いことになるから」

ガス管、水道管、インフラ周りは気を付けないと役所からこっぴどく怒られる。

崩れた地下一階から鉄の階段を辿って地下二階へと降りる。古い機械室のようだ。

「これ、昭和二十年代くらいの遺構ですかね」

「動いてるものはないみたいだね。ガス漏れもなさそうですよ」

「電気来てるのかな。ちょっと、あ！」

そのとき、ガラガラと音を立てて床が崩れた。

崩れたほうにカツノリさんが懐中電灯を向けると、二メートルほど下で、工事担当が腰を擦っていた。

「大丈夫です。でも床抜けちまいましたね。どうもここは地下通路みたいなんですけど」

図面には載っていない。そんなものが通っていることも知らされていない。

「防空壕か何かかなぁ。」

一度上がって装備を調える必要がある。場合によっては役所に連絡しないといけない。

「これ、駅のほうまでずっと続いて……」

「ん？　どうした」

カツノリさんの懐中電灯が照らした通路の先には、ボロボロの服を着た人がみっしり詰まっていた。十人や二十人どころではない。真っ暗な中で身を寄せ合っている。

声が上げられない。

「もう、上がりましょうや」

担当者は目に付いた階段を駆け上がっていった。

——こいつらは何者なんだ。

群衆の一人が、何かをぼそぼそと呟いた。日本語ではない。朝鮮語だった。

それに誘われたように、何人もが暗闇から掠れた声を上げた。

カツノリさんの背中が冷や汗でびっしょりと濡れた。先に逃げた工事担当者の後ろを追って地上へと駆け上がった。

それから暫く工事は止まった。


「あれはね、良くなかった。今でも夢に見るんだ」

地下道のことは役所には告げず、下請けを雇って何度か調査を入れたが、人の姿はないとの報告だった。ただ、真っ黒に炭化したものがへばりついたレンガ製の壁が、延々と続いているとのことだった。

カツノリさんは敷地内の遺構を全て掘り起こし、地震対策と称して深くまで杭を打ち込んだ。その工賃で大損だったという。だから今現在建っているビルの地下には何もない。

「本当に怖かったんだよ。俺はそっち出身だから言葉が分かるんだけどね、奴らは朝鮮語で、空襲は終わったのかって訊いてきたんだよ」

誰だ

「おい！　誰だその女！」

建設中のビルの屋上に鉄筋を敷いている最中、他の業者の誰かがそんな怒号を飛ばした。

顔を上げると、柵のほうで塗装をしている若者の背後に女がいるのが分かった。

ワンピースを着て、日傘を差した女だった。明らかに場違いである。まだ鉄筋も敷き終わっていないというのに、あんな格好で立つ関係者もいないだろう。

「だから、誰だって！」

年配の作業員は再び叫んだ。

若者は「えっ」という顔をするばかりだ。

事の次第が気になり、女と他業者の二人を交互に目で追った。

「誰のことっすか？」

「女だよ！　そこにいるだろ！」

「え？」

何だ何だと、屋上で作業をする他の者からの注目も彼らに集まった。

が、「女？　どこ？」とざわめきが起きる。

「もう、いいよ！」

埒が明かないと分かり、年配の男は狼狽《ろうばい》しながらも自分の作業に戻った。

作業をしている間、その女はずっと若者に付いて回っていた。

その後、何がどういうこともないまま、その日の作業は夕方の五時で終わった。

虎柄

虎のマークの野球チームが優勝争いに絡む度に、祥子さんは憂鬱な思い出が蘇る。

彼女は当時工場勤めをしていた。その工場では様々な虎柄のグッズを作っていた。

シーズン終盤となると、グッズの発注が増え、もう黄色と黒の縞模様を見るだけでも気が滅入るようになっていた。

最近では検品済みの虎柄ブーツが食堂に山積みにしてある。

食事のときには弁当も外で食べる。いい加減にしてほしいと皆文句を言っていた。

働いている人々の中には、遠く地球の裏側の国から来たおばちゃんもいる。言葉は通じないが、気のいい人で、仕事の終わりにはハイタッチをする仲だ。


「この工場幽霊出るって話があるじゃないですか」

「昼間なら大丈夫らしいよ」

「もう夜ですよ」

残業の最中にそんな言葉が飛び交う職場だった。幽霊が出るのは当たり前。でも仕事の邪魔だけはしないで。もし邪魔したら殺す。

皆殺伐としている。

一体この忙しさはいつ終わるのか。ペナントレースが終われば終わるのか。

「もう帰ろうよ」

時計は二十一時を過ぎている。

数人で食堂を抜けて帰る途中に、ぶちぶちぶちと何かが千切れる音がした。

粘着テープで留めてあるはずの箱から、次々とブーツが飛び出て空中を舞い、頭上から祥子さん達に襲い掛かった。

ばらばらと床に散る虎柄ブーツ。数にして実に三箱分。全て検品し直しだ。

「幽霊なら殺してやるから！」

ものすごい剣幕で文句を吐き出している女性の横には、顔に靴跡を付けたブラジル人のおばちゃんがいた。

彼女は箱から飛び出してきたブーツで顔面を蹴られたらしい。

おばちゃんはずっとゴーストが出たというようなことを大声で喚いていたが、彼女の言葉を翻訳できる人がいないので、祥子さんにはそれ以上の詳しいことは分からない。

蛍の光の中で

北陸のとある県の県庁所在地からほど近い、大手の家具チェーンの店舗での話。

閉店間近になると、お客さんの追い出し作業に入る。『蛍の光』が流れる中、次第に照明を暗くしてゆき、客が全員フロアを出たところで階段にチェーンを掛けるのだ。

四階、三階、二階と確認し、フロアから客が全員退店してから入り口のドアを閉める。

その後は清掃や商品の補充などがあるため、店員はまだ暫く店舗に留まる。

「四階にまだお客さんいらっしゃいます」

トランシーバーに報告が入った。四階には在庫を置くバックヤードもある。

階段を上がっていくと、男性が通路を歩いていくのが見えた。

「お客様」

声を掛けても歩みを止めない。バックヤードへの入り口目指してまっすぐ進んでいく。

「お客様!」

人影は足早に進んでいき、そのまま壁に吸い込まれて消えた。

男性は時々出る。毎回生きている人間かを確認する必要があるので、店員には不評だ。

部長さん

あまりに身近な企業に関することゆえ徹底的にぼかして書く。

○○社○階にある編集局。

事務机と資料に埋め尽くされている。三部署がそこにあるため、面積はそこそこだ。

編集局入り口から見て一番奥に○○部長の机がある。

深夜、全社員がビルから出たことを確認した宿直の警備員が見回りをすると、その机に座り一生懸命仕事をしている者の姿がある。

今から数えて六代前の○○部長だ。

病死したのだが、半ば過労死のようなものだったと言われている。

几帳面《きちょうめん》で、いつまでもいつまでも念には念を入れて仕事をするタイプだったそうだ。

「あの人、真面目だったから……」

当時のことを知る社員は今でもこの話をするときに、悲しげな顔でそう付け加えるのだった。

ジーンズ屋

とある駅前に古くからあるジーンズ屋に勤める樺さんの話。

ある日のこと、新人のバイトが血相を変えて樺さんの元に駆けてきた。

「あのあのあの。足が足が！」

呂律《ろれつ》が回っていない。落ち着けと声を掛けて話を聞くと、三階の壁際にあるハンガーラックの商品整理をしている最中に、商品の奥に足がぶら下がっているのを見たというのだ。

どこだよと二人で狭い階段を上がっていくと、バイトが指し示したのは、東側の壁際だった。二段になったハンガーラックが据え付けられている。

手を伸ばせば届く高さと腰ほどの高さに上下二本のバーが渡され、そこにジーンズが隙間なく掛けられている。

「そこの奥です」

またあいつだ。毎年何度か出るのだ。

「あぁ、そこはね、出るから。でも心配しなくていいよ。あっちは何もしないから」

その言葉を聞いて、バイトは惚けたような顔を見せた。

「昔の同僚が首括ったんだ。それが三十年経っても出るんだよ。古い店員は皆それが誰かも知ってるけど、まぁかわいそうだから名前とかは表には出さないよ」

その幽霊は身元がはっきりしている。樺さんも時々思い出すと線香を上げにいく。しかし、それで出なくなることは期待していないという。

坂の踏切

単線のローカル線が河岸段丘の縁の林の中を走っていく。

午後四時。座席の半分程度が空いている。

うつらうつらしていると、ドアの脇で女子高生が話をしている内容が耳に入ってきた。

「――この先の踏切、まだ続いているんだって」

「手の話？」

「うん。坂の踏切。今通り過ぎたね」

何げない女子高生の会話を耳にして、忘れていた噂を思い出した。

ああ、まだ終わっていないんだ。

三十年近く前に踏切で事故が起きて以来の噂だ。

踏切脇の木の枝から女の子の手が伸びて、通り過ぎる列車の車窓に向かってバイバイと振る――そんな話。

「うちのクラスにも見たって子が何人もいてさ。でもこれ使わないと通えないから、窓の外は見ないようにしてるって」

「その子の手、ずっと見つかっていないんだっけ」

列車が減速してホームに停まった。

「もう見つからないよね。三十年くらい前の話だもの」

そう言って彼女は、ホームに降りていった。

富士を拝む老人

関東地方のとある鉄道路線での話である。

しのぶさんが普段使っているその踏切は、車が二台ギリギリすれ違えるような幅しかない。しかし抜け道としてナビに登録されているのか、意外と交通量は多い。

彼女が昼食の買い物の帰り道に、食材の入ったスーパーマーケットのビニール袋を提げながらその踏切を渡ろうとすると、狭い道に車が十台ほど詰まっていた。

時計を見ると、ちょうど正午を回ろうとしていた。普段は混まない時間帯である。

何が起きているのだろうと、列を作っている車の横を歩いていくと、踏切の遮断機が下りている。警報機の音もカンカンと鳴っている。

見れば先頭車の運転手が車窓を大きく開けて、何事かを叫んでいる。

警報機の音に遮られてよく聞こえないが、早く出ろ、もう電車が来るぞと遮断機の向こうに声を掛けているようだ。

一体誰に声を掛けているのだろうと、線路のほうに視線を向ける。

保守線が二本、本線が二本、貨物線が一本の合わせて五本の線路を横切る踏切だが、その上り線の線路の上に、一人の老人が正座しているのが見えた。

しのぶさんからの距離は三十メートル近くある。

小さな背を丸め、しかし顔は正面を向き、両手を合わせて何かを拝んでいる。

一体何を拝んでいるのかと、彼の視線のほうに目を向けると、青空の下に冠雪した見事な富士山が聳《そび》えていた。

老人は霊峰に向かって、何事かを必死に拝んでいるのだ。

そこに耳をつんざくような警笛を鳴らしながら、特急列車が近づいてきた。

このままでは老人の命はない。

今から遮断機を潜って助けに行くには距離がある。線路内に飛び込んだとしても、老人を助けるのは不可能だ。このタイミングでは、目の前で老人が轢かれるのを指を咥えて見ていることしかできない。

「爺さん！」

先頭の車からの悲鳴にも似た男性の声。

しのぶさんも人が吹き飛ぶシーンは見たくなかった。目を瞑り、耳を手で覆った。

一際大きな警笛が鼓膜をつんざいた。その直後に、地面を揺らして風を巻き起こしながら列車が通過していく。

風が止んだ頃に目を開けて、恐る恐る線路の上を確認すると、老人の姿は消えていた。

何事もなかったように遮断機が上がった。踏切には何も異常はない。

先頭に停まっていた車が、踏切を渡り始めたしのぶさんの横をゆっくりゆっくり追い越していく。

お爺さんが座っていたのは、確かにここ。

上り線の線路を踏み越えながら確かめたが、先程まで老人が正座していた場所には、何度見ても誰も座っていなかった。


「ああ、中嶋の爺さんでしょ。ここらじゃ有名だよね」

その午後に、地元の友人に先程経験した話をすると、そう返事が返ってきた。

詳しく訊くと、中嶋の爺さんとやらは、どうやら早朝に、件の踏切から富士山を拝むのが日課だったらしい。

「あの踏切って、富士山が凄くよく見えるんだよね。で、富士山が見える朝は、爺さんは保守線で正座しながら拝んでいたんだ。それでさ――」

友人はそこで一旦言葉を断ち切った。

「中嶋の爺さんさ、暫く前に奥さんに首絞められて亡くなったはずなんだよね。奥さんもその後で、すぐ近くの国道に飛び出して、トラックに轢かれて死んじゃった」

しのぶさんは目を丸くした。自宅のすぐ近所でそんなことが起きていたとは。

では先程見た踏切の老人は、幽霊か何かだったというのか。踏切の先頭で声を上げていた運転手以外にも何人もの人の目に見えていたはずだ。警笛を鳴らした列車の運転手にも見えていたのではないか。

そう口にすると、友人は困った顔をした。

「それでさ、俺一回、爺さんが明け方に富士山を拝んでいるところに通り掛かったことがあるのよ」

まだ始発も走る前の時間だった。

周りにも聞こえるような声で老人がぶつぶつ呟いている。一体何を呟いているのかと気になり、耳を欹《そばだ》てながら通り過ぎた。

「そしたら爺さんがさ、〈殺してくれ、殺してくれ〉って、ずっと繰り返してたんだよね」

引き摺り出し

気温二十七度。湿度七十パーセント。

梅雨入りした直後ということもあって不快指数が高い。

未央さんがエアコンを入れて畳の部屋で大の字で寝ていると、途中で覚醒しているのか夢の中なのか分からないような状態になった。

起き上がろうとすると、背中が畳にべったりとくっついているような妙な感覚で起き上がれない。普段の金縛りとはまるで違う感覚だ。金縛りなら外すコツを知っている。夢ならば暫く経てば覚めるだろう。

何故か何度も足元から身体全体が引っ張られる。

自分の肉体から魂のようなものが引き摺り出されるような感覚。

これはまずい。次第に焦ってきた。

視線を下のほうに向けると、そこに見知らぬ二人が立っている。

おかっぱ頭をした幼い女の子と背の高い男性だ。女の子は赤いワンピースの胸元に白いリボン。手元は黒いリボンを両手に結んでいる。男性は白いシャツにスラックス姿。

二人を認識すると、ますます引っ張られる感じが強まった。

引き摺り出されたら連れて行かれる。

死ぬと直感した。何とかこの状態を抜け出さねば。

もがいてももがいても、徒労感ばかりが募った。

どれぐらいの間、格闘していたかは、はっきりとは分からない。


「あ、間違えた。この子じゃない。近くの人だけどこの子じゃない」

女の子の声と同時に、引き摺り出そうとする力が収まった。

視線を下に向けると、もう二人はいなかった。その直後に目が覚めた。

今のは何だったのだろうか。

疲労感で三十分ほど自失していると、バタバタと玄関から近寄ってくる足音が聞こえた。

慌てた様子で部屋に入ってきたのは母親だった。

「お葬式だって。あなたも礼服の準備しなきゃ」

未央さんもよく知っている近所のおばあさんが、つい今し方息を引き取ったのだと聞かされた。

パンイチ

北陸のとある県での話。当時薫さんは芸大受験に失敗し、酷く落ち込んでいた。

そんな彼を見かねてか、中学からの親友だった正志が、自宅に頻繁に訪ねてくるようになった。しかし薫さんは、せっかく訪ねてきた親友に対して、今は誰にも会いたくないと言い放つほどに酷い落ち込みようだった。


卒業式を間近に控えたある晩。時刻は二十時を回った頃。

薫さんは風呂から上がった。バスタオルで髪や身体を拭き、パンツを穿いたそのときのことである。気付くとパンツ一枚の姿で、親友正志の家の玄関先に裸足で立っていた。

電球が一灯薄明るく光っている。

え？　何これ。何が起きた？

自宅から正志の家までは自転車でも十五分は掛かる。そんな道程を下着一枚で、しかも靴も履かずにやってきたなどということはあり得ない。

まだ三月頭だ。風呂上がりとはいえ、とにかく寒い。玄関前でしゃがみ込んだ。

どうしよう？

正志はいいとしても、彼の両親や小学生の妹に、こんな姿を見られるのは恥ずかしい。彼の家は平屋で、彼の部屋は玄関の真横にある。窓ガラスを叩けば今の状況を救ってもらえるだろう。

そう期待したが、生憎《あいにく》と彼の部屋は真っ暗だった。

寒さでガタガタと身体が震える。このままでは凍えてしまう。

薫さんは意を決すると、パンツ一枚の姿で走り出した。

田舎ということもあり、都会のようにすれ違う人も多くない。ただ、犬の散歩をしているおばさんなどには、もしかしたら見られていたかもしれない。

漸《よう》く自宅にまで辿り着いたが、玄関で息を切らしながらのパンツ姿である。それを母親に見られて、何をしているのかと酷く叱られた。まるで変質者ではないか。そう目を剥く母親に事情を説明したところで信じてもらえなかった。当然だろう。自分でも信じられないのだ。

翌朝、薫さんは階下で母親が叫ぶ声で目が覚めた。

「正志君が！　正志君が！」

階下に降りていくと、母が新聞の朝刊を持って涙を流していた。

渡された新聞には、正志が自動車事故を起こして死亡したという記事が載っていた。

昨晩八時頃に、急カーブを曲がりきれずに側溝に突っ込み、同乗の一名も即死とあった。

名前を確認すると、そちらも同級生だ。

愕然《がくぜん》とした。二人が事故を起こしたのは、正志の家の玄関先にパンツ一枚で突っ立っていた時刻だ。

彼は何かを伝えたかったのだろうか。

風呂上がりでパンツ一枚姿の自分を呼び寄せてまで。

お通夜でも、お葬式の場でも、正志の家族にこの体験を話すことはできなかった。

薫さんは一年後の命日に彼の自宅に赴き、正志の母親と、まだ小学生の妹に〈不思議な話なのですが〉と前置きして、この体験を打ち明けた。

「――お兄ちゃんは、薫さんのことをずっと心配していました」

絞り出すような妹さんのその言葉に、彼は嗚咽《おえつ》が止まらなかった。

おみやげ

荒木さんが大学に入った年のことである。授業を終えて帰宅すると、アパートのカーペットの端っこがわずかに盛り上がっていた。

まただ。そう思ってカーペットをめくり上げると、バッタ二匹とトカゲ一匹が整然と並べられていた。そんなことがここ三カ月ほど続いている。毎日ではないが、一週間に一回か二回。戸締まりはきちんとしているし、他に食べ物を荒らされるなどの弊害もない。

荒木さんは猫の仕業だと考えている。部屋を留守にしている間に、猫が「おみやげ」を置いていくのだ。

いや本当に猫なのだろうか。猫だとは思う。よく分からない。考えないようにしている。

特に騒ぎ立てたりしていないのは、実家に残してきたミィという老猫が、同じようなことをしていたからだ。そういえば、猫は狩りのできない飼い主のために、獲物を持ってくるのだと聞いたこともある。

——ミィどうしてるかな。

ここのところ実家に連絡を取っていない。夏休みもサークルとバイトが忙しくて帰れなかった。帰るとなると丸一日掛かる距離だ。次に帰るのは正月の予定である。

そんな折、実家から荷物が届いた。お礼を伝えようと、母親の携帯に電話を掛けた。近況を伝えているうちに、「おみやげ」のことを思い出した。

そういえば、アパートに見えない猫が入り込んでいるのだと伝えた。すると母親は暫く黙った後で、ごめんねと前置きして切り出した。

「あなたが悲しむといけないから、ミィが亡くなったことを知らせなかったのよ」

「え。でも仕方ないよ。だって随分歳だったでしょ」

ショックだったが、覚悟もあった。ミィは荒木さんよりも年齢が上なのだ。

「今年で二十歳だったかな。拾ってきた猫だから、本当の誕生日は分からないけど。あなたにとってはお姉ちゃんだったからね」

「うん。そうだね」

「その見えない猫、多分ミィちゃんね。ちゃんと食べてるか心配なんじゃないの」

「大丈夫だよ。ちゃんと食べてるよ。ミィのお墓にもそう伝えて。荷物ありがとうね」

お正月には帰るからと言って電話を切った。電話を切った後、少し泣いた。

――しっかりしなくちゃ。

その電話を境に、見えない猫からの「おみやげ」はなくなった。

ペットカメラ

ペット可のワンルームマンションに住む柏木さんは〈ゆーちゃん〉という名の雄猫を飼っている。

猫を飼い始めて以来、彼女は泊まりでの旅行に出掛けることもなかった。しかし、ゆーちゃんが来てから二年ほど経った頃に、実家の母親が腰を悪くした。仕方なく彼女は親戚の法事に母親の代理として出ることになった。

そうなると困るのは猫への餌やりである。友人達はドライフードを山盛り置いて、トイレも綺麗にしておけば、二、三日は問題ないだろうとアドバイスしたが、柏木さんは自動給餌機を導入することにした。この給餌機にはウェブカメラも付いているので、スマートフォンのアプリから留守中の家の中も確認できる。

一泊の旅行ということで、そこまで心配はしていなかったが——指定された時間にきちんと餌が出るのかしら。ゆーちゃんはそれを食べてくれるのかしら。

法事が一段落した時点で、彼女はアプリを起動して自室内を映し出した。

——あれ、何か変なことになっているのかしら。

画面が真っ暗だ。ネットワークの調子か、アプリの調子が悪いのだろうか。

そう思った次の瞬間、柏木さんは叫び声を上げた。

真っ暗だった画面が急に明るくなると、そこに見知らぬ全裸の中年男性が四つん這いになっていた。無精髭《ひげ》を蓄えて、無表情で、痩せていてやたらと首が長い。

これ誰！

留守中、変質者に不法侵入されている。ゆーちゃんは無事だろうか。警察に通報しないと！

柏木さんの叫び声を聞きつけた親戚が何事かと集まってきた。

「あら、可愛い猫ちゃんねぇ」

スマホの画面を覗き込んだ叔母が目を細めた。

え。叔母さん何を言ってるの。

再度液晶画面に目をやると、そこにはゆーちゃんしか映っていなかった。

「ゆーちゃんのことがちょっと怖くて。いや、大事な家族なんですけど――」

それ以来、彼女は給餌機のウェブカメラ機能は使っていない。

消えちゃった

金本家で猫騒動が起きた。

誰も入れていないのに、真っ黒の野良猫が一匹家の中を闊歩《かっぽ》しているときがあるのだ。

追い掛けたり捕まえたりして何とか外に出すのだが、やはりまたいつの間にか家にいる。

家のどこかに隙間があるのでは、と家族総出で検《あらた》めたが、特に該当部分はなし。

秋口のことだったので、そうそう窓を全開にしたままにしていた訳でもない。

「今度、あの猫を見つけたら暫く放っておこう。自然と出ていく所を追えば、どこから入ったか分かるだろう」

父の意見に同意し、皆で猫を見つけたら監視しようと相成った。

程なくして猫を見つけたのは次女の夏菜子。うろうろする猫を追った。

「あ！」

暫く追っていると猫はアップライトピアノの裏に入った。

が、そこから先、出てこない。痺れを切らした父がピアノを動かしたが、猫の姿は影も形もなかった。

ウッドデッキ

苅田さんの住むマンションには、ルーフガーデンにウッドデッキが敷き詰められている。マンションの最上階で、ルーフガーデンの広さは室内と同じ程だという。それが気に入って購入した物件だった。

「でもね、風が強い日とか、とんでもないことになっちゃうんで、良し悪しですよね」

苅田さんは微笑んだ。満足げだ。

見晴らしも良い。周囲に高い建物が少ないこともあって、遠くまで見渡せる。高層マンションと比べたらささやかなものではあるが、今まで気にしたこともなかった遠くの山の稜線まで視界に入る。地上とはまるで別世界だ。

そんな苅田さんだが、一時期ウッドデッキに出ないことがあった。

彼は週末は夕方にウッドデッキにローチェアを出し、コーヒーを飲むのを楽しみにしている。

彼は猫を二匹飼っており、その二匹も足元に転がって、主人に負けじとくつろいでいた。

そのとき、一匹が急に身を起こすと、毛を逆立てた。もう一匹も追って毛を逆立てる。

シャー!

二匹ともが、ここ最近聞いたこともない声を上げた。耳が伏せられており、本気で威嚇している。

どうしたんだと立ち上がりかけて、苅田さんの動きも止まった。

体高が子供ほどもある芋虫のようなものが、ベランダの柵を乗り越えようとしていた。

虫はウッドデッキの上に落ちると、もぞもぞと目の前を横切り始めた。

自分の場所から部屋に戻ろうにも、芋虫の前を通り過ぎねばならない。

まだ威嚇を続ける二匹が得体の知れない虫に飛びかからないように制していると、虫はそのまま反対側の柵に辿り着いた。

どうするのかと見ていると、それは柵を乗り越えて、そのまま落ちていった。

あんな巨大なものが地面に落ちたらどうなるのか。

そもそも一体どこから来たのか。もしかしたらまた現れる可能性があるのか。

思考が混乱した。苅田さんは部屋を飛び出すと、一階のエントランスから外に出て、今し方虫が乗り越えていった柵を見上げたが、壁にも地面にも何もいなかった。

猫が元通りウッドデッキに遊びに出るまでに暫く掛かったという。

一番恐い

田圃道を車で通り掛かった。

穂を垂れる水田に、かなり出来のいい案山子《かかし》が立っていた。

棒杭に括られていなければ、人か、と見間違うほどのクオリティである。

なるほど、よくできている。

最近の鳥や害獣は、やっつけ仕事の案山子などを見てもすぐに作り物だと見抜くらしい。

これだけ精巧であれば、そうそう見抜かれまい。

そう感心していたら、その案山子がうねうねと身動《みじろ》ぎした。

なあんだ、案山子じゃなくて人間だったのか。

と自分の早とちりを誰にともなく恥じていたのだが、そいつは人間でもなかった。

そもそも直前まで確かに案山子だった。泥濘に刺した棒杭に括り付けられていたはずだ。

しかし、それは見る間に形を変えた。

痩せ細った貧相な手足に、突き出た小腹。

禿げ散らかした頭に角が生えている。

全体に黒光りする異形である。
一番近いものを挙げるとしたら、餓鬼——であろうか。
黒い餓鬼は、辺りを窺うように頭を揺らしている。
そいつの視界に捉えられないようアクセルを強く踏み込んだ。
以来、案山子を見るとそれを思い出すので、今は案山子が一番恐い。

一反

木嶋さんは高校生の頃に箱根の温泉旅館でアルバイトをしていた。そこには小さな遊園地が併設されていた。遊園地だけでなく、遊戯施設や食堂などの様々な施設があり、またそこかしこにシンボルとしてトーテムポールが立てられていた。

住み込み寮と賄いがあるし、いい稼ぎになるから、休みの間にアルバイトとしてどうだと親戚に誘われ、彼は一夏の間、高校の同級生とともに大阪からはるばるやってきた。

八月の暑い日だった。ちょうど木嶋さんと同級生と社員二人の四人で、掃除用具を持って歩いていた。

ふと見上げると白いゴミがはためきながら飛んでいる。

「上空は風が強いんだろう。落ちてきたら取らないと」

「そうですねー。でもあれ三角っぽくないですか。ペナントみたいな形してますよ」

四人は足を止めた。さらし木綿のような色合いの、長い三角形の布だ。それが風を受けて波打っている。落ちてきそうになかった。

「腕があるなぁ」

ぽかんと上空を見上げていると、それには腕だけではなく、アーモンド型の目もあり、烏賊《いか》のような、又は鸚鵡《おうむ》のような口がパカパカ開いたり閉じたりしている。

「ゴミじゃないよ。ありゃ凧だよ」

「凧ってことはないでしょうよ。あっちは森ですよ」

旅館と遊園地の間に森がある。それはますます山深いほうへと飛んでいった。

ありゃお化けだよ。

昼間なのに幽霊って出るのかい。

布のお化けなんてあるものかね。

四人は口々に今見たものを説明しようとしたが、どうにもしっくりこなかった。

木嶋さんが一反木綿というお化けがいるのを知ったのは、それから数年後のことだ。

逢魔ケ時にお使いなどするから

昭和五十年代の東京都内での話。

夕方、お使いで豆腐を買いに行った。
ぺー、ぷー。
町内のどこかから、マヌケなラッパが聞こえてきた。
それを頼りに、豆腐売りの自転車を探して追い掛ける。
「おい、お前」
不意に声を掛けられた。
誰だろう——と振り向くと、三十代半ばくらいの男が立っていた。
男の顔には、目が一つあるだけだった。

狐憑き

「お恥ずかしい話なのですが、家には狐憑きがいるんです」

彼女はそう言うと目を伏せた。


彼女の娘に狐が憑いたのは高校生の頃だった。

最初は精神的なものだろうと考え、何度か心療内科にも足を運んだ。

しかし狐が憑いている間、娘には自覚も記憶もない。ビデオカメラで奇声を上げる自分の姿を見るまでは、娘自身も半信半疑だったという。


色々と諦めねばならないと思ったのは八月。お盆の頃だった。

娘の部屋から言い争うような声が聞こえてきた。

「大丈夫？　入るわよ」

意を決してドアを開けると、ベッドの上に座っていた娘が睨み付けてきた。

「さっきの声、どうしたの」

するど、ベッドから娘が跳んだ。

反対側の垂直な壁に四本足で立ち、二回ぐるぐると回ってから更にベッド側の壁へと跳び、垂直の壁に二本の足で着地した。

人間の動きではない。むしろ狐の動きでもない。

唖然としていると娘が喋った。

「人の子が何の用だ。この娘はもう儂《わし》のものだ」

嗄《しゃが》れた男性の声だった。

それ以来娘は引き籠もっている。それから十年。娘はまだ二十代だが、肌も髪も真っ白で、時々自室の天井に張り付いている。

護岸工事現場

喜郎さんの家の近くの川で護岸工事が始まった。

工事が始まってすぐに、飲み屋に寄ってから帰るときに視線を感じるようになった。

無視していればいいのだろうが、どうも見張られているような気にもなり、彼は夜な夜な帰宅途中に視線の主を探すようになった。

一週間ほども経った頃、その視線の主に気が付いた。静まり返った人のいない夜の護岸工事の現場を、何者かが歩いているのだ。

工事関係者なら、ライトを点けない理由がない。暗闇の中を、ザンバラ髪の小柄な人影が身を屈めるようにして歩いている。性別は分からない。

それがこちらをちらちらと窺っているように思えた。

近所の橋には河童にまつわる伝説もある。――そうなると、まさかあれは河童か。

喜郎さんの勤めているのは警備会社である。そういえばあの護岸工事の警備はどこの会社が引き受けているのだろう。夜中に人が入り込んでいるとすれば、警備会社としても問題だろう。

そう思って調べてみると、以前現場で一緒だった山岡という男が警備担当だった。

これは一つ話を持ち掛けてみる価値はあるだろう。

喜郎さんは仕事帰りに山岡を誘って飲みに行った。


「大丈夫だ。俺も警備長いから、変なことはしないよ。ただ、夜になると変な奴がいるから、どうしても確かめたくてね」

「夜は管轄外なんだよな。盗るものとかもないだろ。入っても実害がなければ、特に何もないよ。でも監視カメラは一応あるからさぁ」

「そしたらさ、今週末に俺が映ってると思うから、それは気にしないでくれよな」

そんな会話の末に、週末に工事現場に入っても無視するという約束を取り付けた。


決行は週末のはずだったが、金曜日の夜も視線を感じた。

河童の野郎、退治してやる。

アルコールが入って気が大きくなっていたのもあったのだろう。彼は携帯電話を握り締めて、工事現場に足を踏み入れた。

柵を跨《また》ぎ、カラーコーンの列を抜ける。セメントを混ぜる角張ったスコップを拾う。

あと十メートル。あと五メートル。

やはり河童に見える。暗闇の中で肌がぬらぬらと光を反射するのが分かった。

同時に違和感を覚えた。

それは服を着ているのだ。それも破れたボロボロの服だ。その上に泥が絡みついているようにも見えた。河童は服を着るのだろうか。

「おい、お前」

声を掛けた瞬間に後悔した。人じゃないと直感した。しかも河童というのでもない。あえて言うならば、動く水死体とでも言うのだろうか。

走って逃げよう。そう振り返ったときに、不意に足を滑らせて喜郎さんは転倒した。

足首に激痛が走った直後、凄い力で引き摺られた。

何に掴まれているのだろうか。すぐそこに足を掴んでいる奴がいるはずなのに、その姿が見えない。

もう少しで川に引きずり込まれるところで、握ったスコップで暗闇を薙《な》ぎ払った。何かがスコップの刃に当たり、足首を掴んでいる力が緩んだ。

喜郎さんはその場から慌てて走り去った。

帰宅して確認したが、着ていた服は生臭く、足首には水かきのある痣《あざ》が残っていた。

鬼婆目撃譚

A市とE市を結ぶ橋にA橋という橋がある。

「見ました見ました。鬼婆っていうんですかね。一メートルくらいの小さい奴が、川の水面を走っていくのを見ました」

コンタさんは手帳を取り出した。

「二〇一五年九月半ばですね」

彼は釣りの記録を手帳に付けている。

「午後五時頃、A橋付近で下流から上流に向けて水面を走る身長一メートルくらいの山姥？　やまんば目撃」

手帳にはボールペンの走り書きでそう記されていた。

「ボロボロの和服でした。E市側でした」

釣りの後片付けをしているときに、同行した五人全員が目撃しているという。

その話を聞いてから暫くして、別件で警察官をしていた方から同じ場所で違う姿の山姥を見たという話を聞かせていただいた。

二〇一〇年のゴールデンウィークの頃だったという。

キヨシさんは同僚とA橋を巡回中に、水面を走る鬼婆を目撃したという。

「パトカーをこの河原に駐めたんだよ。当時は死体遺棄事件とかもあってさ。橋もチェックしていたんだ。そうしたらボロボロの和服姿のバァさんが水面を走ってたんだよ」

あっちからあっちね。

彼は下流から上流に向かって手を振った。

見た俺自身、今もって信じられないから、信じてくれなくてもいいよ、とキヨシさんは念を押すように言うと、説明を続けた。

「頭に角が二本生えててさ、身長は二メートル以上あって、髪を振り乱しながら走っていくんだよ。同僚と一緒に何だあれはってパニックになったけど、気が付いたら消えててさ。あの辺り、まぁ色々表に出せないけど、ヤバイんだよ」

目撃したのは午後三時頃のことだったという。

おじさん

自室でパソコンを弄っていたときに、とんでもない臭気が鼻を突いた。

小さい頃に使用したことのある汲み取り式便所を思わせる臭いだった。

(何？　何？　くっせぇ……！)

窓の外に何か臭いの元があるのか、あるいはアパートの下水道の異常か。

換気扇のない部屋だった。窓を開けてみたが臭いは消えない。ならば、外が臭いのか。

いつまで経っても消えない臭気に吐きそうになる。

改善がないままずっとこの部屋にいては、終いには吐くだろう。

特に用事はないが、コンビニにでも……。ジャージの上下を着て、外へ行こうとしている間に、臭いの元が分かった。

部屋の中に、ボロボロの汚れた服を着た見知らぬおじさんがいたのだ。

ただ、そのおじさんはベッドにある枕を、大きな敷き布団のように使えるほど身体が小さかった。つまんで捨てられるほど小さい。

とはいうものの、臭いし何だか分からない。一瞥《いちべつ》して、結局コンビニへ向かった。

本の隙間

淑子さんの勤務する小学校の図書室には、所謂《いわゆる》全集ものの書籍が収められた棚がある。

それぞれの本はハードカバーの立派な製本だが、最近の小学生には人気がない様子で、あまり手に取る生徒もいない。しかしその棚から、月に何度かの割合で本が一冊飛び出ていることがある。


今日はまだ生徒達は全集の棚に近づいていない。だから、朝確認した通りに、背表紙は揃っているはずである。

気付くと本が抜けかけているというのは、図書室の司書にとって大変気になる。そもそも本を使って悪戯すること自体がまず以て気に食わない。しかも、それを隙を見て何度も繰り返し実行することも、こちらを馬鹿にしているではないか。

そんなことを思いながら、念のためにその棚を確認すると、何故か一冊、棚から抜けかかっている本があった。表紙が半分ほども露出しており、ちょっと触れるだけでも落下しそうだ。

今朝、確かに確認したはずなのに。

一体誰がこんな悪戯をしているのだろう。こっそりやってきて、本を抜いて帰るなどということができるだろうか。

思案しながら、彼女は背表紙を掌で押した。

すると、本は隙間にすっと沈んでいった。しかし途中で何かに引っ掛かる感触が掌に伝わった。

ハガキ程度の厚みの紙に、本が引っ掛かったようだ。

念のためにもう一度押すと、今度は抵抗なくすっと入っていった。


別の日に、また同じように本が飛び出ていることがあった。

やはり、悪戯な生徒の仕業だろう。

図書室じゅうを見回しても、そんな形で飛び出している本は、その一冊だけである。

一体誰の悪戯だというのだろう。

場所がいつも同じ棚だということも気になる。

ほんの些細なことではあるが、続くと気になった。

淑子さんはもやもやとした気持ちを抱えながら、その本の背表紙を押した。やはり今回も途中で引っ掛かった。

一体何が引っ掛かっているのだろう。

先日と同様に、一息置いてからまた背表紙を押した。しかし、今度は得体の知れない硬いものが奥に入っているようで、それ以上本を押し込めなかった。

仕方がないので、本の裏に何か落ちているのではないかと、上の隙間から指を差し入れた。

その瞬間痛みが走った。噛まれたと直感した。

ネズミ、だろうか。

慌てて本を引き抜いたが、ネズミどころかそこには何もなかった。耳を澄ましても物音一つしない。

確認すると、指先には血が滲んでいた。

ウェットティッシュで拭うと、傷口の噛み痕が見えた。

それはとても小さかったが、明らかに人間の歯形をしていた。

えけり

美里は所謂バリバリのキャリアウーマンという奴で、海外出張も多い。独身で四十を超える歳ともなればそれなりの役職と収入も得ている。

同じ年代の友人達は殆どの者がもう家庭に入っていて、若い頃のようにはいかない。となると、ともに遊べる相手も限られてくる訳で、必然的に色々なスポーツや趣味を一人で楽しむことが多くなった。

最近始めたのが「一人キャンプ」で、発端はアニメに触発されたのだが、これが大いに嵌まった。

予定していた海外出張が急にキャンセルになり、おかげで纏まった休みが取れた。良い機会なので、その日はいつも利用する都内のキャンプ場ではなく、以前から気になっていた千葉のあるキャンプ場に行くことにした。

道具のレンタルもできるのは事前にチェック済みだったので、荷物は最低限にして車に積み込んだ。駐車場に車を駐め、必要な荷物と食材を持ち、駐車場の側ではないその奥の敷地へ向かう。

ちょうどよく他に人がいない静かな場所を見つけて、借りてきたテントを広げた。

夕飯の準備をしつつ荷物の中からワインを取り出す。自然の中でゆっくり楽しむために厳選して持ってきたちょっと良い年代物だ。

栓を抜いて、ステンレスのアウトドア用マグに注いで口に運ぶ。美味い。

これぞキャンプの醍醐味、などと優雅な時間を満喫していると、森のほうに何かがいる気配がする。目を凝らせば木の上にもやっとした黒いものが見えた。猿だろうか。

食料を盗られないように気を付けないと。そう思いつつ、ワインを飲む手は止まらない。

いい感じに酔いが回り、気が緩んだのかウトウトしてしまった。

「しまった」

——やられた、と思った。抱えていたワインがない。

慌てて他の荷物や食料を確認した。予想に反して手を付けた形跡はない。まさか人間の仕業か。

だが、他のテントは駐車場寄りの遥か遠くだ。ウトウトしたのはほんの一瞬。遮蔽物もない開けた場所にあるテントへ戻っていく人影が見えない訳がない。

戸惑い気味に立ち上がり辺りを見渡せば、森のほうの地面にもやもやと幾つか影があった。

「猿か！」

そっと追い掛けて茂みに近づく。猿は一定の距離を置いて背後の森のほうへ下がった。少し進めば進んだだけ猿も森の中へ入る。後になって思えば誘われていたのかもしれない。だが、酔った頭ではそこまで深く考えることもなく、美里はそのまま猿を追い掛けた。十分にも一時間にも思えたのは酔いのせいだったのだろうか。ふと顔を上げた先、上面が平らな大きな岩の前に猿がいた。その手にワインの瓶が見える。

「やっぱりお前か、こらっ」

驚かしたら瓶を置いて逃げるんじゃないかと、一歩踏み出して足を鳴らし、美里は威嚇するように大声を上げた。その足に何かが触れた。

驚いて目線を足元へ落とす。猿だ。いや、これは。闇に慣れた目にも何であるのかがよく分からない。目を凝らす。

体毛と見えていたのは輪郭があやふやな靄《もや》のようなもので、それに全身を覆われた五歳児程の大きさの生き物が蹲って足を掴んでいた。

足に食い込む手は、その感触から体格に反して小さい。何よりもその、己を見上げる靄の中の白目がない目らしきもの。月も出ていない薄暗さの中でぬらりと光る小さなそれは、大凡《おおよそ》生き物のどれにも当て嵌まらなかった。

恐怖で身体が硬直する。それが口を開ける湿った音がして——。

「えけり」

突然そう鳴いた。

ほっ、と詰めていた息が漏れる。何だ、鳴くなら恐らく、何かの動物だ。

足を揺すってみたが、猿は離れない。何度か足を強く踏み鳴らしてもみたが効果はない。

「えけり」

背後の大岩のほうから聞こえた声に振り返る。美里は息を呑んだ。岩の上には数え切れない程無数の靄が蠢いている。

「えけり」

「えけり」

「えけけ、えけ、えけり」

違う。鳴き声じゃない。これは――人の笑い声だ。頭がそう理解した瞬間。

「えけり」

足元で一声鳴いたそれに、背中を駆け抜けた恐怖で瞬間的に思い切り足を振り抜いた。

――ぐにゃり。

酷く柔らかい、まるで剥き出しの内臓を蹴りつけたような感触を爪先に残し、足元のそれは拍子抜けする程あっさり蹴り飛ばされて茂みの中に消えた。

「えけり」

すぐ近くで声がした。どこをどう走ったのか覚えていない。後ろを見ずに走って辿り着いた管理棟の明かりに心底安堵した。

管理の人にテントを見てきてもらったが、盗られたものもなく「猿」もいなかった。

そのまま帰る旨を告げて、急いで荷物を纏め車に飛び乗った。ただ一刻も早くそこから離れたかった。

それから一週間程経った頃。

海外出張から帰って、部屋着に着替えたタイミングでインターホンが鳴った。応答ボタンを押して、玄関の外を映す画面を覗く。誰もいない。

「えけり」

聞こえた声に血の気が引いた。

ハンガーラック

真夜中、佐倉さんは不意に目が覚めた。

布団に入ってさほど時間は経っていなかったように思う。

もぞもぞと寝返りを打つと、顔があった。

部屋の隅、衣類を掛けたハンガーラックの前に〈顔〉が浮いている。

返り血なのか当人の血なのか、血まみれである。

目鼻に口があるので咄嗟に顔だと思ったのだが、それは腫れ上がって歪《いびつ》な形になっており、赤黒い斑《まだら》は血糊なのか痣なのかよく分からない。

何かに殴打されたような、リンチを受けたような、そういう顔である。

驚いて布団を被った。

だってそうだろう。

独り暮らしの部屋である。自分以外の誰かがいたらまず驚く。

まして、それがボコボコにされて歪んだ顔なら尚驚くし、宙に浮かび上がっているのが〈顔のみ〉となれば驚くなというほうに無理がある。

でも、待てよ。あり得ない。

つまり、俺は寝惚けているのではないのか。

頭が冴えてきたので、恐る恐る布団から頭を出してみた。

ハンガーラックの前に、顔は浮いたままだった。

こびりついて乾き始めた血糊が、さっきよりはっきり見える。

慌てて布団を被った。

マジかよ。

布団の中で更に再考を重ねる。

あれは服なんじゃないか。

そういえば、ワインレッドのTシャツを持っていた気がする。

最近、着た記憶はない。ないけど、ハンガーラックに引っ掛かっていたかもしれない。

それが顔に見えたんじゃないだろうか。

腫れ上がって塞がった目がこちらを見ていたような気がするけど、それも気のせいだったんじゃないか。

いやきっとそう。

そう思うなら、もう一度布団から頭を出して確かめるべきだったのだろうが、もう一度確かめて再びハンガーラックの前に頭が浮いているのが見えてしまうのも嫌だ。
自分にとって都合のいい仮説が打ち砕かれないようにするには、どうすべきか。
考えているうちに眠りに落ちた。

翌朝。
赤い服はあった。確かにあった。
だがそれは、大分離れたところに置かれた洗濯カゴの中に突っ込まれていた。
ハンガーラックに赤い服は一着も掛かっていなかった

ボール状のもの

嶋さんの家の隣には、いつも遊んでくれる優しいお姉さんが住んでいた。そのお姉さんと御両親、おばあちゃんの四人家族で、広い庭のある一軒家に住んでいる。

幼い頃には、よく庭で遊ばせてもらったものだ。

そのお姉さんが庭に立って暗い顔をしていた。

「どうしたの」

声を掛けると、お姉さんは作り笑いをして、何でもないよと答えた。

何でもないの？　本当に？　そう何度も訊くと、お姉さんはぽつぽつと語り始めた。

「庭にね、ボールが飛んでたの。オレンジ色に燃えていてね」

火の玉だ。目を丸くしていると、お姉さんは話を続けた。

「その中にお父さんの顔があったの。お父さん、すっごく怖い顔してた」

それ以上は声を掛けられなかった。

暫くしてその家族は引っ越していき、その家はそれから十年ほど空き家だった。

誰もいない庭には、時々オレンジ色の火の玉が飛んでいた。

シャン

美菜さんの祖父は、時折家族に内緒で骨董品のコレクションを買い増すことがあった。

祖母は若い頃からのことだからと諦めているようだった。

ある日、また祖父の悪い虫が騒いだらしい。祖父は日本刀をひと振り持ち帰ると、自室の和箪笥《わだんす》に隠した。この和箪笥は特注品で、引き出しを開けると、シャンと音が鳴る造りだった。

その刀を持ち帰った夜から、深夜にシャンという音がするようになった。見れば箪笥の引き出しが開いており、部屋を落ち武者の生首が飛び交っている。

最初は気のせいだと自分に言い聞かせていた祖父も、毎晩続くので音を上げたらしい。

祖父は祖母に打ち明けた。

「それじゃ、今夜は一緒にあなたの部屋で寝ましょう」

祖母はそう言って、祖父の部屋に布団を持ち込んだ。

翌朝、げっそりと窶《やつ》れた祖母は、祖父に「あれは返したほうがいいですよ」と告げた。

家族はそもそも何故そんな刀を買ったのかと祖父に訊ねた。

祖父はあの刀は戦国時代のもので、曰くのあるものと言われたのだと答えた。

それ以上の詳しいことは分からないという。

そんな曖昧なことで手を出すなんてどうかしている。

しかし、どうも骨董屋は誠意ある人物らしい。

言う通り生首が飛んだのだから。

だが、結局刀はすぐに手放した。


それから十年以上が経ち、祖父も亡くなって数年経っている。

ある年、法事のタイミングで美菜さんはその家に帰省することになった。

寝る場所がなかったので、祖父の部屋を使わせてもらうことにした。

夜半、件の和箪笥の横に布団を持ち込んで寝たところ、シャンと音を立てて箪笥の引き出しが開いた。

目を開けると、落ち武者の生首が部屋を飛んでいた。

多分まだ毎晩のように飛んでいるという。

断線

島田君のイヤホンはすぐに断線する。ケーブルには何かに噛み千切られたように、歯形のようなものが付いていることがある。最初はネズミにケーブルを齧《かじ》られたのかと疑った。

しかし二度の引っ越しを経ても現象は続いた。

最近スマートフォンに機種変更したついでにインターネットで調べてみると、イヤホンにも無線接続できるものがあり、しかもケーブルレスのものもあるというではないか。

島田君は興奮した。ここ数年まともにイヤホンで音楽を聴いていない。電車通勤のお供には、やはり音楽が欲しいと早速注文した。

商品は翌日に届いた。最初は調子よく音楽が聞こえていたが、突然一切の音が聞こえなくなった。うんともすんとも言わない。まだ買って一日だ。バッテリーもほぼ満充電である。壊れたのだとしたらあまりに脆弱ではないか。保証期間内ということもあり、島田君は早速返品交換した。

交換品はすぐに届いたが、その日のうちにまた同じように音がしなくなった。

今は分解して中を確かめようかどうか悩んでいる。確認するのは正直怖いという。

卓球台

昔、祥子さんの家の庭には卓球台があった。

父親が買ってきたか貰ってきたかしたもので、ひっくり返すとビリヤード台になる。確か台のサイズは公式サイズだと記憶している。

「でも、すぐ捨てちゃったんですよ」

理由は、夜中にピンポン球を打つ音が、あまりにもうるさかったからだ。

ピンポン球もラケットも家の中にしまっている。台からはネットも外してある。

しかし、球の跳ねる音がずっと響く。

かこん、かこん、かこん。

「卓球って、ラリーが続き過ぎるのも考えものよね。毎晩ずっと続くんだもの。参っちゃうわよ」

母親は、オリンピックの卓球の試合を観ながらそう呟いた。

エアコン

新卒で働き始めて間がなかった頃のこと。

就職を機に一人暮らしを始めたはいいが、なるべく家賃を抑えた住居は値段に見合った古さで、文明の利器たる冷暖房機器など設置されていようはずもなかった。幸いにして新卒で社会人となったため、季節はまだ過ごしやすいほうだ。暫くは大丈夫だろうと踏んだ。

とはいえ、梅雨に入れば蒸し暑さも増す。それでも何とか凌いで我慢を重ね、六月も下旬になって漸くエアコン購入に漕ぎ着けた。

昼は勿論仕事だから家にいない。夜に帰宅してから電源を入れて点けっ放しのまま就寝、朝は出掛けに電源を切って出勤する。実に快適な生活に満足していたのだが、暑さが本気を出した猛暑厳しい八月になった頃、エアコンからカリカリと異音がするようになった。

そんなに大きい音ではない。気にしなければ気にならない程度の音だ。

だが、買ってまだ一カ月余りだ。初期不良だとすれば少し腹立たしくもあり、販売店にクレームの電話を入れた。

仕事にも慣れ始めた頃で鬱憤《うっぷん》も溜まっていたのもあって、まあ謂《い》わば八つ当たりだ。

迅速なサービスが謳《うた》い文句の店だけあって、翌日には修理担当者を伴って担当営業が駆け付けた。どういう状態か確認するためにエアコンの電源を入れる。

——カリカリカリカリ……。

いつものように音がする。

「送風ファンに何か絡まってるかもですねぇ」

脚立の上に乗って、内部を見るために修理担当者がパネルを開ける。

「ぎゃあ！」

脚立の脇に立っていた営業が悲鳴を上げて仰《の》け反《ぞ》った。修理担当もパネルに手を掛けたまま固まっている。

風の送風口から女の指先が覗いていた。

短い爪で送風口をカリカリと引っ掻いている。一瞬でするりと引っ込んだ。

流石にこれを置いておける程心臓は強くない。

嫌がる修理担当に取り外させて、そのまま引き取ってもらった。

入社一年目、慣れない仕事に心身ともに色々あったが、薄給の身でエアコンを買い換える羽目になったのが、何より一番辛かった。

テディベア

Y県での話。

薫さんが、山菜採りのために普段踏み込まない山の奥へと分け入っていくと、視界に何か引っ掛かるものがあった。

今見えたものは何だろう。立ち止まってきょろきょろと見回すと、一本の木に色とりどりの塊がぶら下がっている。

一体何だろうと近寄っていくと、一抱えほどもある木に、拳ほどの大きさの小さなテディベアが何体も吊り下がっていた。どの熊も首に縄が巻かれている。そのとき、ざっと音を立てて風が吹き、熊達が一斉に揺れ始めた。

不安な気持ちが湧いた薫さんは、すぐにその場を後にして帰った。

翌日、ゴミ袋を片手にその場所に向かうと、いつの間にか熊達は全て燃やされ、色とりどりの生地の一部や、溶けたプラスチックのボタンが散らばるばかりだった。

祝宴の盃

「お前、こういうの好きだろう」

古物商の克志が幼馴染でもある質屋の徳蔵から見せられたのは黒い小ぶりの盃。質流れ品の中の骨董品を見に行ったときのことだ。

黒天目《てんもく》と思しき盃は、小さい高台と漏斗《ろうと》型の薄く鋭い形の姿が良いもので、黒い漆のような深い色合いが大変美しい。

付き合いが長いせいかこちらの好みをよく分かっている。その場ですぐ買い取った。

その晩、克志は夢を見た。

梅や桜、木蓮《もくれん》等の、あらゆる季節の花が咲く庭で大勢の人が酒盛りをしている。糖尿病を患って以来、酒を断っている身にはとんと縁のない席である。

だがあまりに賑やかで楽しそうな様子に、つい近くに寄ってみた。宴の輪の中にいた一人がこちらに気付いて手招いた。

顔全体を覆うように貼り付けられた和紙と、着物には違いないが己の知るものとはどこか違う服装の男に、誘われるまま隣に腰を下ろす。

手渡されたのはあの黒天目の盃だ。空の盃の底からふわーっと透明な液体が染み出してきて、花の蜜のような何とも言えぬ良い香りがする。それだけで極上の酒だと分かる。堪らなくなって口を付けようとした瞬間。

「あんた！」

背中から鋭い叱責が飛んだ。亡くなった妻の声だ。思わず後ろを振り返る。

華やかな庭も宴席もそこにはなく、気付けば己は一人、霧の中に立っていた。手の中の盃も消えている。そこから何時間も何日も一人彷徨う、そんな夢だった。

品物は確かに良い物であるのは間違いない。だが、夢のことも気になって何となく店に出すのはやめておいた。

「夢でもいいや、そんな美味そうな酒なら飲んでみたい」

もう一人の幼馴染である表具屋の鉄次にそう言われたのは、茶飲み話のついでに零したときだ。

鉄次もまた高血圧で禁酒している。ここ数年で両親と妻を立て続けに亡くしており、お互いに独り身であることで親近感も強い。

常日頃「一人で飲む酒は楽しかねぇな」などと話していたのもあって、試しに盃を貸してやることにした。

「いやぁ、美味かった！　楽しかった！」

翌日、鉄次は喜色満面に膝を叩いて笑った。

「なぁ、かっちゃん、これもう少し俺に貸しといてくんねぇか」

家族を亡くして以来、元気がなかった幼馴染のこんな楽しそうな様子は久々だ。

「いいよ」

多少引っ掛かりがないではなかったが、あれが慰めになるのであればと、そう言葉を返した。

一週間後、鉄次は自宅のベッドで亡くなっているのが見つかった。

恐らくは眠ったまま息を引き取ったのだろう。何とも幸せそうな死に顔だった。

突然の友の死にしょぼくれながら、徳蔵に件の盃の話をすると幼馴染は眉を顰《ひそ》める。

「あのな、昔から言うだろう。この世とは別の場所で出された食べ物や飲み物には口付けちゃならねぇって」

一気に血の気が引いた。そんな危ないものを野放しにしておく訳には行かない。

克志は徳蔵と、赴任先から戻った鉄次の息子とともに家中をひっくり返す勢いで探したが、盃は終《つい》ぞ見つからなかった。

旅のお供に

ネタ元さんの一人に本を献上したときのこと。

必ずサインを入れて、と言われたのでサインペンで扉の裏にサインを書いて、ほんの一、二秒視線が逸れた。

視線を戻したらサインの少し上の余白に、斜めに墨が飛んだような跡が付いている。

筆に墨を含ませて思い切り振ると付くアレである。

使ったのはサインペンで、目を離す前には付いていなかったのだが。

まあこれくらいの汚れは気にしないし、むしろ面白いと言って頂けたのでそのまま進呈した。

この本が「やんちゃ」なのだとか。

しまう度に本棚からいつの間にか飛び出している、と。

最初は本棚の下に落ちていて、あとはテーブルの上だったりベッドの下だったり。ちょいちょい「遠征」するらしい。

先日はついにキャリーバッグの下に潜り込んでいたとか。

彼女は結構なテーマパーク好きで、県内のテーマパークは月一回、東京と大阪の大型テーマパークには年に一回ずつは必ず出掛けている。

「旅に連れていけ、ってことなんでしょうかね」

そう言って笑っている。そうかもしれないとも思った。

本の名前は、『恐怖箱 怪泊』である。

九州の旧家

緑さんの実家は九州の旧家だ。

色々とあって、緑さんは関東に出てきて結婚した。

「もう実家に戻りたくないんですよね」

家族仲は悪くはないらしい。

実家に戻りたくない理由を訊くと、家で不思議なことが多く起きたからだと顔を曇らせた。あまり多くは話せないし、話したくない。

これならいいかなと前置きした上で、緑さんは一つだけ教えてくれた。


彼女の実家では、家族は誰も風呂場で頭を洗わない。

洗うのは緑さんだけだった。

ある日、家族にそれが不思議だと伝えると、母親の顔色が強張《こわば》った。

「あなたこそ、よくあんなところで頭洗えるわね」

「え、どういうこと」

「そっか、あなた気が付いていないのね」

母親は溜め息を吐くと、彼女が毎朝の日課として繰り返していることを教えてくれた。

「お風呂の排水口あるでしょ。あそこにね――」

黒くて長い髪の毛が毎日ごっそり溜まる。

それを取り除くのが日課なのだ。

「え、長い髪の毛って――」

緑さんは絶句した。

家族に長い髪をした人は、一人もいない。

だから、その髪の毛は家族のものではない。

そしてそれは毎日毎日溜まり続ける。

「他にもあるけど、帰りたくないんです」

結婚してから一度も里帰りしていないという。

アイロン

「葉子何やってんの！」

買い物から帰ってくると、娘が全裸で腹に当て布をしてアイロンを押し付けていた。

しかし、母親の声にも反応がない。

アイロンを無理やり取り上げて、部屋の隅に放り投げた。そのはずみで手首に触れた。熱かったが気にしている余裕はない。

娘が熱いアイロンを押し当てていた場所は大小の水ぶくれができており、酷い火傷をしているのは明らかだ。

早く冷やさないと。

冷蔵庫にあるありったけの氷をビニール袋に詰めて腹に押し当てた。

だが、娘は表情一つ変えない。

もうどうしていいか分からない。救急車を呼んだ。

シーツを掛けられ、救急車で搬送されている間も呼び掛けに反応しなかったが、病院に着く直前に娘の表情が戻った。堪えるように顔を顰《しか》める。

「凄い痛い……何これ。どうなってるの？」

自分が行っていたことについては全く記憶がなかった。

病院で処置を受け、帰宅途中で問いただした。

すると、押し入れを整理していると、古いアイロンが出てきたことまでは覚えているが、それ以降は記憶がないという。

病院から戻ると、部屋の隅に転がっているはずの娘の腹を焼いたアイロンは跡形もなかった。

お客さん

小学校低学年の頃の思い出。

典子さんの家の床の間には違い棚があった。そこにはいつの頃からか、ガラスケース入りの日本人形が置かれていた。

日本髪を結い扇子を持った、すらりとした人形だ。表情なども柔和ですっきりとしており、典子さんはとても気に入っていた。ただ一点、気になるのは、この人形はケースの中でしばしば向きを変えることだ。

無論、そんな悪戯をするような人は家にいない。

向きが変わる度に、それを母親に報告するのが彼女の習慣になっていた。

母親はその報告を聞く度に、小さく首を傾げた。

「ああ、お客さんが来たのねぇ」

ただ、母親からは、どんなお客さんかは、一度も教えてもらえなかった。

掃除

さっきから掃除機が勝手に動いている。

誤作動でスイッチが入った、なんてものじゃない。透明人間が掃除をしているかのように、ぐいぐいと動いて床のゴミを吸っている。

いつか止まるだろうと思いつつ見つめているのだが、五分は経っているようだ。

コンセントのコードは掃除機に収まったままだ。ならば、何故吸える。いや、それ以前に何故動く。

リビングでテーブルからコップを落として割ってしまったのを合図に、部屋の隅に置いてある掃除機が動き出した。

妻を亡くしてから、この急に広くなった家のことは全部一人でやってきた。

何だか分からないが、掃除機を掛けてくれるなんてこんな嬉しいことはない。

姿が見えないから、何だか（誰だか）分からないけど、ありがとう。

本当に、ありがとう。

危ない

美生さんは駐車場に車を駐めようと、バックミラーを見ながらバックで切り返していた。

時間は深夜で、視界が悪い。車を注意深く枠の中に進入させていく。

「危ない！」

突然車内に声が響いた。若い男性の声だった。

驚いて慌ててブレーキを踏むと、車がエンストした。

サイドブレーキを引いて外に出ると、今し方駐めようとしていた枠には、ブルーシートにブロックが無造作に積まれている。

知らずにそのままバックしていたら、ブロックの塊に突っ込んでいたことになる。

親切な声の主は誰かと、周囲を見回したが誰もいない。

そもそも声自体が助手席よりも近い位置から聞こえた。

彼女にはそういうことがよくある。

廃車

田上さんの自宅は道路よりも高い位置にあり、住宅下の道路に向かった斜面は掘り込み車庫になっている。

ある日、車で帰宅すると、車庫に見たことのない車が入っていた。

けしからんと車庫に蓋をするように歩道に寄せて車を駐め、車の主が現れるのを待つ。

だが、いつまで経っても持ち主が出てこない。

そろそろ警察に通報するかと考え、証拠を捉えるために、スマートフォンのカメラを構えた。

だが、田上さんは画面から目を離して車の後部を確認した。

ナンバープレートがない。

そうなるとこの車は廃車なのか。

何か手掛かりはあるかと車庫に収まっている廃車のドアを開けた。

生臭い空気が漏れ出た。車内には液体が乾いた黒い滲みがこびりついている。

田上さんは顔を顰めると、スマートフォンで写真を撮って、警察を呼んだ。

警官が到着したのは、それから三十分ほど経ってからだった。

路肩に車を置いたまま、田上さんは自宅に戻って食事を摂っていた。

「その車はあの歩道の奴ですか」

「いや、そちらはうちの車なんですが、車庫に入ってるほうの車です」

警官とともに車庫まで階段を下りていき、確認した。

先程の廃車が消えており、代わりに黒く汚れきった油が車庫の床を汚していた。

スマートフォンに残っているはずの写真も警官とともに確認を取ったが、そのどれもが真っ黒な画像に変わっていた。

ハンドル

瀬戸さんは、若い頃に走り屋をやっていた。

そんなときに先輩から、興味があるなら安くしとくよと言われた中古の高級クーペは、どうやら曰く付きだったらしい。その先輩は、〈まだ車検も残っているけど、ひと月の初任給よりも安い値段でいいよ〉と言った。

ただ、事故車ではないが、短期間にオーナーが三人変わっている。故障はないが、毎回車体の右側を擦っているという。

「キーは預かってるからさ、試しに乗りたかったら今からでも乗れるよ」

深夜、先輩を含む仲間四人で先輩の店に移動し、順番に運転してみることになった。

一人目が運転して戻ってきた。

「やっぱ、ハンドル持つと違和感あるわ」

左折するときにハンドルが急に戻るらしい。走っていると右にハンドルが回ることも何度かあった。

次が瀬戸さんの番だ。

「急に来るからさ、気を付けろよ」

先程一回りしてきた男が言った。

加速しながらS字カーブに差し掛かり、左にハンドルを切ろうとすると、言われた通り切れ味が悪い。路面や機械、タイヤの調子とも違う。

まるで助手席の人間が悪戯でも仕掛けてきているのではないかという調子だ。

強引に切り戻せば戻るが、走行中に急に対応しないといけないとなると、焦るだろう。

一度始まると、次のカーブでも同じ症状が出る。

——これ、毎回引っ張る力が違うな。

何となくフェイントを仕掛けた。すると、今までより少し遅れて引っ張る。

ははーん。フェイントには引っ掛かるのか。

面白くなってきた。違和感を強引に押さえ込むコツを掴み始めた。

すると、急に手首を掴まれた。ハンドルではなくて直接来たか。

「先輩、俺の右腕見ててくださいね」

左カーブに差し掛かると、同乗の三人が声を上げた。

「腕腕腕！　お前、その腕！」

ちらりと視線を右手首に送ると、指の形に白く凹んでいる。

右手は添えるだけで、左手でハンドルを操作すれば、運転は邪魔されない。

瀬戸さんは気付いて左腕のみの運転で先輩の店まで戻った。

「先輩、ありゃダメっすわ」

瀬戸さんはキーを返して言った。

「もう腕痺れちゃって、まともに運転できませんもん」

そう言って持ち上げた右腕は、腫れて紫色に変色していた。

ごめん

夕方、友人のタケシをアパートに招いたところ、やたらと「この部屋、何か変じゃない？」と言ってくる。

「どこが？」と訊ねても、「いや、何か……」としか答えない。

普段は霊感アピールなんかしないのに一体どうしたのだろう。

小一時間もするとタケシは顔面蒼白になり、脂汗をだらだら垂らし始める始末。

「大丈夫か？　部屋ってか、お前の体調が変なんじゃないか？」

「あ……いや、大丈夫。平気……」

「大丈夫じゃないって。帰っていいんだぜ？　そんな様子でいられても……」

「うん。帰りたいだけどさ。帰れないんだよ」

また、霊感アピールだ。こうなると最早、厄介。

「風邪でもうつされたら困るんだよ！　帰れって！」

「……大丈夫、もう少しいさせて」

部屋から引き摺り出したい衝動に駆られるが、流石に実行できない。

「何なんだよ！　何で出ていかないんだよ！」

　堪らずそう叫ぶと、

「もう無理、抑えられない！」

　と返す刀でタケシの叫び声。続いて、

「部屋じゃなくてさ、俺が変なの連れてきちゃったのぉ！」

　胡座《あぐら》を掻くタケシがガタガタと震え出すと、いつからいたのかタケシの背後から一人の女性がすくっと立ち上がった。

　タイトな青いドレスを着たその女性は立った後、その場で顔を左右に何度も何度も振った。

「ごめんごめんごめん！　俺が連れてきちゃったのぉ！　ごめんごめんごめん！」

　涙混じりのタケシの謝罪が響く中、ぷぅんと異臭が鼻を突いた。

「がえる！　がえるぅ！」

　タケシはそう言って立ち上がり、首を振る女の背後に回り、背中をどんどん押しながら玄関に向かった。女は首を振りながら、押されるままにタケシと進む。

　ドアを開け、二人は外に出た。

　出しなに見えたタケシのズボンの尻は漏らした糞で汚れていた。

親子関係

槇子さんの母の言うことが怖い。

槇子さんがベッドに横になっていると、母はノックもなしにドアを開け、「うわあああ」と声を出す。

「何？」

「あんた、今窓の外から男の子が覗いていたわよ。あんたを睨んでいたわよ」

ここは二階だ。しかもいちいち目を剝いて覗いていた男の子の顔真似をする。

また別の日は、仕事中に電話を掛けてきてこう言う。

「あんたのベッドで寝ている女の人、友達？」

いやいや、誰もいない。

それが友人と肝試しに行った翌日のことだから堪らない。

殆どが母の申告があるだけで、槇子さん自身は母と同じものを見たことがない。

しかし、槇子さんも槇子さんで、ちょくちょく怪しいものに遭遇したことがあるというから、否定もできないのだそうだ。

喧騒の町

ツアーの団体が来たかの如く、外が喧《かまびす》しい。

ざわざわと騒ぐ声を避けるためには耳を押さえるしかない。

老若男女が三十人以上はいる、といった具合だ。

しかし、窓から外を見ても誰もいない。

いつものこと。

「また、これ？　何なのこの町」妻が不平を漏らす。

「今日は近藤さんのとこで葬式があるから」

町内で葬式がある日はこれが起こる。

近所の人曰く「この町ではたまに聞く話」だそうで、「誰にでも聞こえる訳じゃないんだけどねえ……運が悪かったね」とまるで他人事。

一年を通して頻繁にざわついている印象があるため、否応にも高齢化社会を感じる。

しゃがみ女

兼良はいつの間にか眠っていた。

目が覚めたときには、もうすっかり外は暗く雨が降っていた。

ソファから立ち上がると、パソコンデスクに座りメールソフトを立ち上げた。

ゴールデンウィークというものは特に趣味もない自分のような寡《やもめ》には、退屈でしかない。

ディスプレイを見て、今がもう深夜だということが分かった。少し身体がだるいが、もう十分に睡眠を取っている。兼良は二度寝できる気もしなかったので、何となしに散歩に出ることにした。

兼良の自宅は都心に近いマンションの一部屋だった。徒歩で繁華街まで行けるので、よく深夜の外出をしていた。焼き鳥屋でもキャバクラでも、気が向いたら入る。金銭的に余裕がある暮らしをしていたので、たとえ無目的でも外出が苦ではなかった。

外に出ると、いつになく静かに思えた。

車通りもまばらで、いつもの街らしくない。

と、歩道の真ん中に座り込む一人の女性が目に入った。

しゃがみ込んで何かを探しているようにも見えるが、体調を崩して休んでいるようにも見える。まだ女性のいる地点まで距離があるので、はっきりと表情は見えない。困っているなら助けてあげようか。元々、この外出に目的もないのだから、ゆっくりと相手をしてやれる。当然、何かを急いでいる訳でもない。

近づくにつれ、その女性の容姿が随分と綺麗なことが分かった。色白の肌、落ち着いた色のブラウスとズボン。目鼻がくっきりとしていて、少しハーフっぽい。ただしゃがんでいるだけだというのに、どことなく知性を感じさせる。

一向に姿勢を崩すことなく女性はしゃがんでいる。やはり具合が悪いのかもしれないが、表情からはその辺りを読み取れない。

「大丈夫ですか？」

少し離れた所で立ち止まり、兼良はそう声を掛けた。

「……あ、はい」

「どうしたんですか？」

「……あの、ちょっと私の足元見てもらえます？」

「足元？」

女性の提案を素直に飲み、兼良は足元を見やった。

地面から二本の腕が生えていて、女性の両足首をそれぞれ掴んでいる。

ああ、それで動けないのか。

「……あの、それ、何ですか？」

「ああ、良かった。見えてますか。私、昔からこうなんです。こういうことがあるんです。では」

「あ。はい。では」

あっけない別れの挨拶も兼良はすんなり受け入れた。

自分も足を掴まれるかもしれないと、早くその場から逃げ出したかったのだ。

こわいもの

「とにかく怖い話の中に本物が入ってるとヤバいって毎回言ってたよ」

岡本さんは、鮫島さんという知り合いの話をしてくれた。

彼らの参加していた怪談会は、夜中に始まり明け方に終わるのが恒例だった。会が終わった後は、皆自分の家に帰っていく。

岡本さんは、鮫島さんの最寄り駅を聞いて知っていたが、何故か怪談会のときには、毎度その駅を乗り過ごして、隣駅で降りる。

不思議に思った岡本さんが理由を訊くと、鮫島さんは照れたような笑みを浮かべた。

「ヤバい話を聞いた後は、昔からの腐れ縁の女を抱かないと、憑きものが取れないんですよ」

鮫島さんは既婚者だ。つまり不倫か。

黙っておかねばなるまい。

それから何度目かして、鮫島さんは会に顔を出さなくなった。

　ある日、偶然同じ列車に乗り合わせた鮫島さんが、岡本さんに打ち明けた。

「俺、もう怪談会には行けないです。俺が最後に参加した日の話なんですけど、最後から三番目の話って覚えてます？　あれのせいで彼女死んじゃったんですよ。あの人なんであんな話持ってきたんでしょうね――」

　別れ際に鮫島さんは岡本さんの顔をじっと見つめて言った。

「幾ら体験談だからって、表に出していい話と悪い話って、やっぱりありますよねぇ」

手離し

小見山君は高校三年の春休みに、同じ女の子の出てくる夢を見るようになった。

同い年で笑顔が可愛い子なのだが、どこで会ったのか思い出せない。今まで同じクラスにいなかったのは確かだ。小学校中学校と卒業写真集も確認したが、それらしい子もいない。同じ高校にもいないはずだ。

一週間ほど経つうちに、友人から奇妙なメッセージが届くようになった。

「女の子と一緒に○○駅の駅ビル歩いていたけど、あの子誰？」

参考書を買いに列車に乗って隣の市まで行ったときのことを指摘された。そのタイミングで駅ビルを歩いていたのは確かだが、同行者は誰もいなかった。

そう返事をすると、照れるなよと茶化された。そんなことが何度か続いた。

数日後、とうとう母親から「一緒に歩いていた、あの子は誰？」と訊かれた。興味津々という様子だったが、こちらには覚えのない話なので、「知らない」とだけ答えた。

母親はもっと話をしたそうだったが、逃げるようにして自室に戻った。

その夜にも夢を見た。そこで初めて女の子に名前を訊いた。彼女はヒロコと名乗った。

ちていた。


「もうじき会えるよ」

夢の中で、彼女はそう言った。

目が覚めたときには気持ちが舞い上がっていた。夢の中にしか出てこない彼女と恋に落ちていた。


夜に寝ても昼寝をしても、夢の中にはヒロコさんが出てくる。一日中寝ていたかった。

ただ、夢の中で彼女と訪れる場所が、次第に危険な場所になっていくのが気になった。

柵のないビルの屋上。地下鉄のホーム下。高速道路の中央分離帯。

その夜は、二人で登山をしていた。そこでヒロコさんが足を滑らせ、崖下に落ちそうになった。危ない！　咄嗟に握った彼女の手が少しずつ滑っていく。

そんな状態のヒロコさんは、小見山さんの顔を見てニコニコ笑いながら言った。

「助けてくれたら、もう会えるよ」

その言葉に何故かゾッとした。もういいや。もういいんだ。小見山君は手を離した。

手を離した朝から、ヒロコさんの顔が思い出せなくなった。あれだけ自分の周囲で目撃されていた彼女の姿も消えてしまったらしい。

ただ、あれから何年も経ったが、顔はともかく名前だけは忘れられない。

いつかまた彼女が夢に出てきたときには、今度は上手くやるつもりだという。

絵の中

仕事で新潟に行ったときにホテルの部屋を四泊取った。

都さんの部屋は一番奥のツインの部屋だった。

チェックインをして部屋のドアを開けると、すぐ左側にクローゼットがある。その前に油絵が掛けてある。見返り美人のような構図だ。

何でこんなところに絵があるのだろう。

だが、すぐ部屋に目を奪われて気にならなくなった。クライアントが取ってくれた部屋は広くて清潔だった。タバコの臭いもしない。快適に過ごせそうだ。

仕事で疲れた都さんは、服を脱いでベッドに倒れ込んだ。ふかふかの布団が気持ち良い。意識がベッドに吸い込まれていく。

どれだけ寝てしまったのだろう。深夜にシャワーの音で目を覚ました。

あ。出しっぱなし！

慌ててユニットバスまで走ると、シャワーからお湯は出ていない。

ほっとしたが、ライトは点灯している。点けた覚えがない。

今、ドア開いていたよね。

首を捻りながらベッドに戻る。うつらうつらし始めると、またシャワーの音で目が覚めた。バスルームのドアが開いてライトが点いている。先程確実にドアも閉めたし、ライトも消した。

何なのこれ。

ベッドに倒れ込むとすぐに寝てしまうのだが、結局何度もベッドとユニットバスを往復していると、朝になってしまった。

確認すると、ユニットバスのライトも消えており、ドアも閉まっている。

寝ているとシャワーの音で目を覚ますのは、二泊目も三泊目も続いた。

何かお化けのようなものがいるのだろうと考えて、怒鳴ってみたり文句を言ってみたりしたが、全く変わらない。

寝不足が続くのは仕事に障る。都さんはもう諦めて寝ることに専念しようと決めた。

「もういいわ。あなたもゆっくりシャワー浴びて寝てちょうだい」

そう声を掛けて布団を被ると、朝まで起こされることはなかった。

昨晩の声掛けが効いたのかしら。

着替えて仕事に出るためにドアを開けたときに、真横から早口で声が聞こえた。

「ありがとう」

仕事から戻ると、今度はお帰りと声を掛けられた。

害がある訳じゃない。そう自分を奮い立たせ、平静を取り繕って声を掛けた。

「どうぞ。あなたも好きなようにしてくださいね」

すると、シャワーの音はしたが、昨晩と同じように熟睡することができた。


「いってらっしゃいませ」

翌朝仕事に行こうとすると、再びドアの横から声が聞こえた。

上品な声だが、少し緊張する。怖くて絵は見られない。

「お帰りなさい」

「ただいま」

掛けられた声に反応してしまった。それに気付くと、怖さよりも緊張が勝った。

そこからは全ての行動を、全部説明しながら過ごした。

周囲から見れば独り言を言い続けているように見えただろう。

「飲み物、あなたの分も買ってくるわ」

コンビニに出掛けたときにも、飲み物やお菓子を二人分買って戻った。

「お先にお風呂入るわね」

シャワーを浴びた後にも、声を掛ける。

「あなたもゆっくりシャワー浴びて寝てね」


最終日。ホテルのチェックアウト前に、ドアの前で靴を履きながら声に出した。

「ありがとう、お疲れさまでした」

その場でお辞儀し、振り返らずにドアを出て、まっすぐエレベーターに向かう。

歩いていくと、廊下の壁に、初日に部屋の入り口に掛けられていた絵があった。

えっ。

立ち止まって、絵を覗き込んだ。見覚えのある見返り美人の油絵。

どうしてここにある。

気になって部屋に戻ったが、もう部屋に絵はなかった。

高知のホテル

高知県のホテルでの話だ。都さんは女三人で四国旅行を楽しんだ。シーズン的に混んでいることもあり、ツインの部屋にエクストラベッドを入れて三人部屋にしている。

生憎台風が近づいてきており、三日間の日程の半分はホテルから出られそうになかった。用意された部屋のドアを開けると、クローゼットに続く左手側にユニットバスがあり、そのドアの横には大きな鏡があった。女二人並んで全身が映るサイズだ。ツインの部屋にしては大き過ぎるように感じた。


その鏡の前を初めて通ったときからおかしいとは思っていた。

人影が映ったような気がしたのだ。

ベッドでガイドブックを読んでいると、友人二人が飲み物を買ってくるという。

「え？　何？」

視線を紙面から上げると、二人がこちらを振り返った。

「何も言ってないよ」

「あれ。そっか。それじゃ行ってくるね」

二人が出掛けていった後で、用を足すためにユニットバスに入った。

気になっていた大きな鏡の前に立つと、自分の背後に隠れるようにして女が映った。肩よりも低い位置から上目遣いで鏡を見ている。

整った顔立ち。ぷっくりとした口元。ただ、それはプールから上がった直後の紫色だ。青白い肌が白いワンピースから覗いている。祖母が亡くなったときに、こんな肌の色をしていたのを思い出した。

そこで我に返った。慌てて振り返ったが誰もいない。もし、鏡に映っている通りなら、女は壁の内側にいることになる。若しくは紙のように薄いかだ。

ゆっくりその場を離れた。

あれは見間違いだろうかと思案したが、一人では確かめる気にならなかった。

その後も友人達は鏡の前を通る度にきょろきょろと周囲を見回す。気配か何かを感じているのだろう。自分はといえば、やはり鏡の中に女が見える。

そういえば昨晩、風呂の壁には長い髪の毛が張り付いていた。三人のうち髪をロングにしているのは自分だけだが、色が違う。栗色の細い猫っ毛に対して、壁のものは漆黒のしっかりした髪の毛だった。


チェックアウトの日は、友人二人は先に部屋を出た。

「髪の毛だけやったらすぐ追いつくから！」

「フロントで待ってってっから、慌てなくていいよ」

そう言われても、一人で部屋にいたくないのだ。簡単に、できるだけ簡単に。

ブラシを手に鏡の前に立つと、また女の姿が肩越しに見えた。

ふふん。鼻で笑う声が鼓膜に届く。

「バーカ！」

「こいつ、今バカって……バカって！」

鏡ごしに睨み付けると、女の瞳と目が合った。

女は鏡ではなく、こちらに視線を合わせてきている。ふふんと口元が笑みの形に歪んだ。

鏡に映っている自分のほうに女が身体を傾けた。女の腕がゆっくり上がっていく。

このまま見ていてはダメだ！

ブラッシングは途中だったが、都さんは荷物を拾い上げてドアのほうに駆け出した。

北関東の旅館

狸穴さんが上司と同僚との三人で、北関東を営業で回っていたときの話である。

その日は、ある駅から少し歩いた場所の旅館に泊まることにした。

案内されたのは階段を上った先にある２０５号室だ。

一晩めは何もなかった。

二晩めの深夜に、狸穴さんは金縛りに遭った。

身動きが取れない。力んでも脂汗が浮くばかりだ。しかも、すぐそばの布団の上を何者かが歩き回っている。足跡の付いた布団の沈み方から、お年寄りかと直感した。

どうしようかと焦っていると、寝る前に外した数珠が、すぐ手の届くところに転がっていた。あれに手が届けばどうにかなるかもしれない。

祈りを込めて指先を伸ばす。ピクリとも動かない。しかし動かないながらも指先が近づいていく。もっと近づけ。

あと少しで触れることができると思った瞬間に金縛りが解けた。先程まで歩き回っていた気配はもうなかった。

もう寝られそうにない。一階の食堂まで下りていき、そのまま朝を迎えた。

それから二年経った。

「狸穴さん、あのときばあさんの幽霊歩いてたよな。お前あの後、部屋から出てっちゃったじゃないか」

見られていたのだ。しかし、何故今突然。あのときは何も言い出さなかったのに。

「ほら、他の人怖がらせると嫌だから黙ってたけど、実は俺、あの夜凄い心細かったんだよ」

それから更に半年経ち、狸穴さんは釣り仲間とその旅館を訪れた。

怪談好きの気のいい友人達に、自分の金縛りの体験について語ってやろうじゃないか。

そんな下心もあった。

生憎、２０５号室は埋まっていた。

チェックインまで時間があったが、列車の関係で旅館に早く着いてしまった。

部屋の案内を待つ間、掃除途中の部屋を覗いた。

晴れた午後。しかも部屋の蛍光灯は点いている。だが、床から人の背の高さを越えたくらいの高さまでが真っ暗だった。その真っ暗な部屋から掃除機の音がする。

何だこれは。

じっと見ていると目が慣れたのか、黒い霧状のものが渦巻いていると分かった。その霧の中を三体の黒い影がうろうろしている。良いものとはとても思えなかった。

「ちょっとこっち来て」

近寄ってきた友人に部屋を指差す。覗き込んだ友人に小声で訊ねた。

「あれ見える？」

「三人歩いてる」

「電気点いてるよね」

友人は黙って頷いた。


「お客さん、案内いいですか？」

従業員から声を掛けられた。

階段を上がった先に、部屋の配置図があった。

先程の真っ暗な部屋は１０５号室。その真上が２０５号室だった。

旅の宿

旅の疲れを癒すため湯船に浸かろうかとも思ったが、蛇口から茶色い錆びたような水は出るし、長い髪の毛も浮くしでテンションが下がった。

ベッドに座って溜め息を吐く。

——そんなに安い部屋じゃなかったんだけどなぁ。

友達は部屋に入った途端に服を脱ぎ散らかすと、もう寝ると言い残してベッドに潜り込んでしまった。

最初は適温だった部屋が、どんどん蒸し暑くなっている。エアコンも壊れているのかもしれない。

「部屋替えてもらえないかなぁ」

小さく口に出した直後に、ベッドで寝ている友人のことを思い出す。

あの子、お風呂にも入らなかったし、食事もまだよね。もしかして朝まで起きないつもりなのかしら。

お風呂は無理だとしても、シャワーくらいは浴びたい。しかし、先程の髪の毛を思い出すと、その勇気も出ない。

明日の朝でも良いかと、友人に倣ってベッドに転がった。

意識が消えるかと思った瞬間、音を立ててカーテンが開いた。

驚いて起き上がり、友人の身体を揺らしても、一向に目を覚ます気配がない。

仕方がないので布団を頭までかぶって無理やり寝ることにした。


「あんた酷い顔してるわね。大丈夫？」

友人が心配そうに声を掛けてくれた。大丈夫だと答えたが、大丈夫な訳はない。一晩中カーテンを開け閉めされて、結局殆ど寝ていないのだ。

散々な目にあった部屋を出て、二人でエレベーターを待っていると、化粧ポーチを忘れてきたことに気が付いた。

「ちょっと部屋に忘れ物したから取ってくる」

「ならフロントで待ってるから」

鍵を差し込んでドアを開けると、中から鉄臭い空気が流れ出てきた。

——何この臭い。

警戒しながら中に入ると、日差しの差し込む部屋は、ベッドから壁に向けて、一面の血の海だった。

ポーチはベッドの上にちょこんと置かれていた。

変色しつつある血を踏まないようにしながら、ベッドの上のポーチを握り締め、急いで部屋を出た。

ドロップシャドウ

今まで一度も見たことがない人だって絶対見えるから、という口車に乗って、都さんは京都のホテルを取った。

十階建てのホテルの九階。一人でツインルーム。奮発した。

見たいのは幽霊だ。

話をしてくれた男性が言うには、夜に窓の外を見ていると、遠くのビルの屋上から飛び降りる影が現れる。その影は一晩中繰り返し繰り返し落ち続けるらしい。

それを見るために関東からわざわざ京都まで足を運んだのだ。

悪趣味と笑わば笑えという心境だ。


広いツインの部屋のカーテンを開け、買ってきたワインをグラスに注いで待機する。

現象は二十二時を回った頃から始まった。

暗くて距離感がよく分からないが、確かに影が飛び降り始めた。飛び降りて暫くすると屋上にまた影が姿を現す。その間隔は二十秒から三十秒。

本当にあるんだ。

本当に見えるんだ。

驚きもしたし興奮もしたが、どこか醒めた感じがある。自分の見たかったのはこれだったのだろうか。興味は次のところに移っていた。本当に朝まで繰り返すのだろうか。

窓際に椅子を移動し、休みなく繰り返す影の飛び降りショーを見続ける。

違和感を覚えたことは何度かあったが、ワインも入っているし、ただの気のせいだろうと思っていた。だが、明らかに近づいてきている。

影が大きくなっているようには思っていたのだ。しかし、一人で泊まっているホテルの一室では、それを一緒に確かめてくれる人もいない。

決定的だったのは、右から飛び降りていたのが、左から飛び降りるようになったことだった。それも必ずしもビルの屋上から飛び降りている訳ではないようだった。

壁に張り付いて落ちる。張り出し看板の上から落ちる。

いつの間にか、時刻は三時を回っていた。

移動している。近づいてきている。そう思った時点でカーテンを閉めて寝ればいいのに。

頭のどこかでそう思っている。だが、椅子から立ち上がれない。

もう道路を挟んだビルに影が立っている。ディティールがはっきり見えた。

顔はのっぺらぼうで、身体は裸ではない。真っ黒ではあるが、襟の付いたシャツでも着ているような雰囲気だ。

あ。飛び降りた。

都さんは立ち上がると、ガラス窓から眼下の道を見下ろした。

次の瞬間、息を呑んだ。影が目の前のガラスに張り付いたのだ。

心臓を冷たい手で鷲掴みされたような衝撃。

どうしていいか分からない。

ガラスを挟んで影と睨み合いになった。

影の手がガラスに張り付いている。その形は人間のそれだった。指紋まで確認できるようだった。

入ってこないで！

祈りながら影を睨み付ける。睨み合いは周囲が明るくなるまで続いた。

足跡

雨でもないのに泥を踏んだような足跡が入り口から続いていた。
足跡はエントランスからまっすぐ、ぶれることなく正面の祭壇に向かっていく。
周囲には誰もいない。
一人分の足跡は、花で華やかに飾られた祭壇の正面まで続いた。
綾子さんはその泥を擦り付けたかのような足跡を、モップで拭こうとした。
しかし、べったりとへばりついているのか、汚れが取れない。
——乾いちゃっているのかな。雑巾を濡らしてこないと。
そう考えた彼女は、すぐ近くのトイレにある掃除用具入れまで足を運んだ。
しかし、そこから戻ってくるほんの二、三分の間に、足跡はすっかり消えてしまった。
綾子さんの勤めるメモリアルホールでの話である。

河川敷

「国道一号線から、まっすぐ川を遡って、四キロから五キロくらい。○○市側に河原があるだろ。あそこは夜行くのはやめときな」

狸穴さんと同じ釣りサークルに所属しているショウジさんは、元ヤクザだという。好好爺然《こうこうや》としているが、時折見せる目つきは怖いものがある。

「あそこはね、よく釣れるんだよ。いいポイントなんだ。でも夜行くのはダメ」

何か危険があるのかと訊ねると、そうではないという。

夜になると、じっと俯いている半透明の黒い影が立つ。

うっすらと顔も分かる。髪型は皆パンチパーマだ。

「現役のときから、そこには素人さんと何度も一緒に釣りに行ったりもしたけど、俺のような稼業の奴らにしか見えないんだよ」

ショウジさんは、遠くを見るようにして、タバコの煙を吐き出した。

「ま、しょうがないよ。あそこはヘマこいた奴とか、カチ込んできた奴らが、十二、三人ぐらいは埋まってるから。だからね、狸穴さん。あそこには夜行っちゃいけないよ」

仙台の図書館

離戸さんが短大生のときの話。先輩にお願いして短期のバイトを紹介してもらった。誘われたのは新設の図書館に本を搬入するというものだった。日給一万二千円で割もいいように思えたが、当日になって、その見通しは甘いものだと気付かされた。

図書館の裏口に駐まったトラックに積み込まれている数千冊の図書を、台車に乗せて搬入し、ジャンル分けをしてラベルを貼り、棚に一冊一冊並べていく。重労働である。しかし、一緒に申し込んだ先輩の顔もあるので逃げる訳にもいかない。

そのときの男性スタッフに田中さんと鈴木さんという男性がいた。

休憩時間にだらだらと休んでいると、田中さんが鈴木さんに声を掛けた。

「裏口の所にいる、紫のカーディガンの女、お前の知り合い？」

「誰それ。知り合いな訳ないだろ」

その話を聞きつけた離戸さんの先輩も、話に乗っかった。

「女の人って何ですか。裏口のって、もしかしてトラックのところの美人さん？　鈴木さんの彼女なの？」

話を振られた鈴木さんは、明らかに狼狽《うろた》えている。

「いやいやいやいや！　俺知らないよ！　俺関係ないから！」


夕方になって仕事の終了時間になった。すると、先程休憩時に盛り上がっていた数人が、また女性の話を始めた。

「いやー、かなりの美人だよね」

「鈴木さんが心配で、早めに町役場の仕事上がってきたんじゃないのぉ」

冷やかされる度に鈴木さんはキレ気味に否定する。

「いや！　知らねーって！　もー！」

離戸さんは、気分転換にタバコを吸おうと外に出た。その後ろから、仕事中にあまり会話をしなかった若い女性スタッフが一緒に出てきた。

二人で並んでタバコを吸っていると、その女性から声を掛けられた。

「ねえ、あんた。あいつらが言ってた、裏口にいる女って見える？」

「見えるって何ですか？」

「いや、鈴木君がさっきから弄られてんじゃん」

そんなものは見えないと伝えた。何もいない。トラックの脇の美人？　誰もいない。

「そっか、離戸さんには見えないか」

「何なんですか？」

「そこにいるんだよ。でも土手っ腹に穴開いてて、鼻血出してこっち見てる奴が生きてる訳ないじゃんね」

そうか。みんな見えてるんだ——。

タバコをもう一本吸おうかどうか迷っていると、田中さんと鈴木さん、そして先輩がやってきた。

「いい加減にしろよっ！　俺にはそんな女は見えねぇよ！」

鈴木さんは怒った様子で帰っていった。きっと鈴木さんには本当に見えていないのだ。

離戸さんは帰りの道中に先輩に訊ねた。

「その女の人ってどういう人だったんですか」

「普通に可愛い子いたじゃん。セミロングで紫のカーディガンに白ワンピの。鈴木さんの後追いかけてったよ」

女性スタッフが言ってたのと先輩の言っている女って多分同じものなのだろう。

離戸さんはそのままうやむやにして会話を終えた。

引っ越しトラック

引っ越し屋でトラックドライバーを勤める田中さんの話。

彼は以前、オフィスの移転に当たったことがある。個人の引っ越しならば二トンショートか二トンロング一台で間に合うが、会社の移転となると、トラックを連ねて移動することになる。

移転当日、その会社にトラックを横付けしたときに、あまり良くない感じを受けた。長年の経験というか勘というか、田中さんには引っ越す前の家の家相のようなものが分かる。

この会社、このままだと潰れていたかも知れんなぁ。

そう考えると移転は良い選択だろう。今後ますます御社が発展しますように。

移転に関わった会社がジリ貧になり、間もなく解散した話は何度も体験がある。大体そんなときには、移転先の物件が良くないと直感する。

荷物を積み込み、二台のトラックを連ねて出発した。先行するのは田中さんも信頼する岸さんの運転するトラックだ。

走り始めてすぐに違和感を覚えた。岸さんのトラックのナンバープレートの横に、女の顔が張り付いている。

あの顔、まずいな。

先程の良くない感じと同じものを、女の顔から読み取った。だからといって田中さんは、悪霊を祓うような技術は持ち合わせていない。ただ見えたり感じたりするだけだ。

移転先はフロアの面積が半分ほどで物件も古かった。雰囲気は悪くないが、明らかに都落ちだ。

作業をしていると、岸さんのトラックに積まれた、先代の社長の荷物を詰め込んだ段ボールの上に女が座っているのが見えた。田中さんはギョッとしたが、見て見ぬ振りをする。どうせ他の人には見えていないのだ。

その段ボールを運ぶ作業員とともに女も会社に入っていき、出てくることはなかった。

移転はつつがなく終わったが、田中さんの心は暗かった。

「先代の社長、何やったんだろね。あの会社、もう長くないよ」

岸さんにそう耳打ちすると、小声で「女絡みだってよ」と一言呟いた。

問い掛け

バブルの頃の話だ。

当時建設会社に勤めていた内藤さんは、妻に内緒で3ＬＤＫの賃貸マンションを借りた。理由は「浮気部屋」が欲しかったからだ。

妻には「夜勤がある」と嘘を吐き、出向いた盛り場で羽振りの良い所を見せれば、幾らでも女性と良い関係になれた。

事に及ぶだけならラブホテルでも十分なのだが、それなりの部屋に招かれたら女性はさぞかしうっとりすることだろう。高級な家具を置いて、できれば夜景でも見えたら……。そんな打算があった。

契約書の類を会社に送らせ、つつがなく部屋を借りることができた。家財はクレジットカードで購入し、勿論こちらも書類は会社宛て。

そうして早速女性を部屋に招いた初日、二人がソファでグラスを傾けていると、鍵を掛けたはずの玄関ドアが乱暴に開けられ、妻が入ってきた。

「……！」

内藤さんは目を丸くした。バレた。即効でバレた。

「どこぉ！　どこぉ！」

妻はそう叫んで部屋の中を睨め回し、うろうろと闊歩している。

「どこぉ！　どこよ！」

半狂乱と呼べる仕草だ。

目の前に見知らぬ女性と身を寄せて浮気している亭主がいるというのに、まるで気が付いていないように出てくる台詞は「どこ」。

どう言葉を掛けようかと青ざめていると、浮気相手の女性が「シャワー浴びたくなってきた」と宣《のたま》った。

「いや、シャワーって……」

見ると浮気相手は随分平然としている。全く妻の存在を意に介していないようだ。

これは……。

「ごめん。急用を思い出した。今から会社行かないといけないから、また今度にしない？」

「ええー？　あたし、次はないわよ」

「ごめん」

そんな会話をする間も、妻は「どこどこ」と騒いで部屋内を歩き回っていた。

女性を部屋から追い出し、振り返ると妻の姿はなかった。

「もしもし……俺だけど……」

「うん。どうしたの？」

「……いや」

え？　何？　何か言いたいことあるの？

今、どこ？

あとがき——百物語を編むということ

世に百物語本は数あれど、百物語は実のところ作るのがとても大変な本です。
まず、著者はたくさん取材しなきゃならない。取材に掛かる手間は短くても長くてもさほど変わらないので、ネタを数揃える著者各位はとても大変。本書は著者四人掛かりなのでその点は多少はマシなんですが、著者四人の百物語アンソロジー本として見た場合、今度は話数と頁数をぴったりに合わせるという摺り合わせ作業で地獄煉獄が見えてきます。恐怖箱のアンソロは実はいずれも緩やかな椅子取りゲーム方式になっています。本シリーズも例外ではなく、予定数より多めの話が寄せられ、そこから話数と頁数を摺り合わせていくことになりますが、大抵は話数が揃うと頁数がはみ出し、頁数を揃えると話数が足りなくなります。加えて百話分を怪異の傾向・種類や近似のテーマで繋いだり、話の長さや強弱で結わえたり、一気に読んでもダレないよう最後の一話を読み終えたらまた最初から繰り返し読めるように編む訳ですね。毎年泣き言を言いながら編んできた本シリーズですが、今年で九巻のべ九百話。来年はいよいよ十巻千話の大記録に挑むことになります。

加藤 一

たぶん、あとがき

六月だというのに、情緒もクソもない暑さに溶けるんじゃないか、と思う今日この頃。転んだ。結構派手に。夜道で公園横切ろうとして微妙な段差が見えなかったらしい。らしい、というのはよく分からんうちに転んだからで、強《したた》かに左膝を打ち付けた。翌日には家から五分のコンビニで傘を盗られてずぶ濡れになった。

三日後、転んだ。出勤時の自宅マンション下の駐車場の出入口、チェーンを跨いで出ようとして爪先が引っ掛かったらしい。足をちゃんと持ち上げて確認した後で、そのときだけチェーンが上に上がったのかと思われる角度で引っ掛かった。左膝を強打した。

スマホの液晶に貼ったガラスの保護シートが割れ、帰り道では小銭入れを失くした。

一週間後、転んだ。昨年九月に手の甲を骨折したときのことが頭を過《よ》ぎり、手をつくことができず顔面から倒れ込んだ。結果、右顔面強打と左膝強打。眼鏡は吹っ飛び、傷だらけになった。正に弱り目に祟り目、踏んだり蹴ったり。

原稿料が出たら、眼鏡を新しくしようと思う。

ねこや堂

怪が彩る

私の思いの一つに「怪談は怖いだけじゃない」というものがある。

恐怖を喚起させる怪談には強い魅力がある。しかし、需要が恐怖だけになってしまっては、供給する側としては少し物寂しい。折角、グッとくるものを感じる談話を取材できても「この話は怖くないからな」と引っ込めてしまう。言葉にするのが難しい何かがあるこの素敵な怪談をどこに出したらいいのだ。

というところで、この百物語本である。見事にバラエティに富んでいる。勿論、「怖い」もある。頁を捲るたびに実話怪談の色々な味が広がっていく。

著者四人の筆致の違いが相乗効果となり、至極カラフルな本に仕上がっている。

実話怪談の沼は底知れない。「怖い」に加えて『怖い』のほか」にもハマってしまったら、これこそ怪談ジャンキーである。

様々な怪に彩られた本書が皆さんの感性を刺激するきっかけになってくれたら、これほど嬉しいことはない。

高田公太

非常事態の中での百物語

疫病で日常が破壊された後も、人々の生活は続き、怪異もそれに寄り添っていく――。

そんなことを考えているうちに締め切りが尻を焦がす時期になってしまいました。

今回は取材が難航しました。人と直接会えないことで、ここまで取材が滞るとは思いませんでした。手元のストックと、後はオンラインで取材させていただいた話を中心に執筆に取り組みました。怪談会も自粛。この調子だと来年はますます取材が難航しそうではありますが、何とか頑張っていきたいと思います。

そんな中で本書が完成までこぎ着けたことには、例年以上に感謝しております。まずは体験談を預けて下さった体験者様。取材にご協力下さいました皆様。編著監修の加藤さん。共著者の高田さんとねこや堂さん。生暖かく見守ってくれる家族。そして本書をお手にされた読者の皆様に最大級の感謝を。

皆様、体調など崩されないようにくれぐれもご自愛下さい。

それではお互い無事でしたら、またどこかで。再会を心から祈念する次第です。

二〇二〇年　七夕に願いを込めて　神沼三平太

本書の実話怪談記事は、恐怖箱 祟目百物語のために新たに取材されたものなどを中心に構成されています。快く取材に応じていただいた方々、体験談を提供していただいた方々に感謝の意を述べるとともに、本書の作成に関わられた関係者各位の無事をお祈り申し上げます。

あなたの体験談をお待ちしています
http://www.chokowa.com/cgi/toukou/

恐怖箱公式サイト
http://www.kyofubako.com/

恐怖箱 祟目百物語

2020年8月5日　初版第1刷発行

編著　加藤 一
共著　神沼三平太 / 高田公太 / ねこや堂
総合監修　加藤 一
カバー　橋元浩明（sowhat.Inc）
発行人　後藤明信
発行所　株式会社　竹書房
〒102-0072　東京都千代田区飯田橋2-7-3
電話 03-3264-1576（代表）
電話 03-3234-6208（編集）
http://www.takeshobo.co.jp
印刷所　中央精版印刷株式会社

定価はカバーに表示しています。
落丁・乱丁本は当社までお問い合わせ下さい。

ISBN978-4-8019-2342-3 C0193